VOYAGE AU BOUT DE MA VIE

Bernard de Montrion

Voyage au bout de ma vie

Mémoires et témoignages

Éditions Baudelaire

Couverture inspirée d'une œuvre de Fred Zeller.

Envois de manuscrits :
Éditions Baudelaire – 27, place Bellecour – 69002 Lyon

SYNOPSIS

Né en 1938, un mois avant les accords de Munich, Bernard de Montrion présente un parcours de vie peu banal. Fils d'un Français libre, il est un jeune témoin direct de la bataille de Normandie en 1944.

Après des études classiques, il poursuivit des études de chirurgie dentaire à la faculté de médecine de Montpellier. Diplômé, après un service militaire de seize mois, il exerça en cabinet libéral pendant plus de trente ans.

Il cultiva une amitié profonde avec Georges Brassens, le Professeur Christiaan Barnard, le Président Léopold Sédar Senghor. Conjointement, le hasard, en la personne du Président Pompidou, lui confia un rôle diplomatique en tant que missus dominicus. Fonction qui se poursuivit auprès des trois présidents suivants.

Au cœur de l'élection présidentielle de 1981, il fut un témoin actif, durant une vingtaine d'années, au sein des plus hautes sphères du pouvoir.

Élu local, il œuvra dans le cadre de l'Association des Maires de France en tant que membre du Comité directeur.

Aujourd'hui, bénévole du comité consultatif de l'AFER, il se consacre, aux côtés du président Gérard Bekerman, à la défense des épargnants.

À la fois sportif et aventurier, à quatre-vingt-quatre ans, il se lance, avec cet ouvrage, dans une nouvelle aventure, celle de l'écriture.

À mon épouse Michèle,

À Thibault mon fils et Yun,

À Charles et Philippe mes petits-enfants,

À la mémoire de mes enfants Guillaume et Marina.

À la mémoire de mon arrière-arrière grand-père
Edmund-Saul Dixon
collaborateur
de
Charles Dickens et Charles Darwin

REMERCIEMENTS

À Françoise Marcellin
qui m'a apporté une aide précieuse
pour la réalisation de cet ouvrage.

À en croire Descartes, les bêtes ne souffrent pas, elles n'éprouvent aucun sentiment. Ayant décrété que leur âme, étant mortelle, n'est pas de la même nature que la nôtre, il les réduit à un état mécanique, comme les horloges.
On sourit en pensant aux moqueries dont l'aurait accablé Montaigne... s'il avait pu lire les sottises du Discours de la Méthode sur la question animale... Descartes dont la moindre des erreurs ne fut pas de s'être bien gardé, sa vie durant, de regarder une bête au fond des yeux. Il y aurait vu, comme chez nous autres, de l'amour ou de la peur.

Franz-Olivier Giesbert, *Dieu, ma mère et moi*

PROLOGUE

Au crépuscule de ma vie et après moult hésitations, il m'apparaît opportun, sinon utile, d'apporter le témoignage d'un vieil homme, né avant la deuxième guerre mondiale en 1938, dont le souvenir des combats de Normandie, qui suivirent le débarquement de juin 1944, est toujours intact et vivace, bien qu'étant alors âgé de six ans.

À l'allure où vont les choses, avec une société tourneboulée, en évolution hyperactive et bouillonnante, sans repère, violente, qui se souviendra de ce XXᵉ siècle encore attaché aux anciennes valeurs empiriques ?

Quelle rupture avec ce premier quart du XXIᵉ siècle où tout va si vite et où, sans se complaire dans la nostalgie, il est difficile pour un vieil homme comme moi de s'y retrouver.

C'est avant tout, à l'intention de mes petits-enfants que je me suis décidé à écrire ces pages. Cela les aidera à mieux comprendre l'époque actuelle mais surtout à découvrir, à travers ma vie et mes expériences, ce que fût ce siècle charnière, précurseur de la « modernité ».

Qui plus est, les circonstances ont fait que mon parcours de vie ne fut pas banal. Ce qui enrichit mon témoignage. Chirurgien-dentiste de profession, je me suis retrouvé, par hasard, plongé, durant une vingtaine d'années, dans la diplomatie puis dans une fonction d'élu. J'ai eu la chance de rencontrer – et souvent de tisser des liens amicaux avec eux – des hommes extraordinaires ou célèbres, tels Georges Brassens, Christiaan Barnard, Léopold Sédar Senghor, Eric Tabarly, tous les présidents de la Ve République depuis Georges Pompidou jusqu'à ce jour, mis à part François Hollande, pour n'en citer que quelques-uns.

Les aimables lecteurs, qui me feront l'honneur de parcourir cet ouvrage, y trouveront un éclairage historique de cette période.

Vous, mes chers petits-enfants, découvrirez des pans méconnus de la vie de votre grand-père.

1
MES BELLES ANNÉES

Je suis né en août 1938 en Normandie dans une chaumière normande à Saint-Aubin-de-Scellon entre Bernay et Lisieux. En Allemagne, Hitler, bien installé, dévoilait la véritable nature du régime nazi et affirmait ouvertement son appétit de conquête. Tandis qu'en France, le régime parlementaire de la IIIe République montrait sa faiblesse par la valse des Présidents du Conseil ; en quelques mois Camille Chautemps, Léon Blum (2e gouvernement qui dura vingt-six jours) et Edouard Daladier s'étaient succédés.

Le 30 septembre, un mois après ma naissance, la honte des « accords de Munich » était consommée suivie de peu par la Nuit de Cristal (incendie des synagogues) le 9 novembre.

Mais, cette année-là, l'événement peut-être le plus important, a posteriori, fut la découverte, le 17 décembre à Berlin, de la fission nucléaire d'uranium par Otto Hahn.

Pendant toute ma tendre enfance dont, bien sûr, je n'ai aucun souvenir, je fus entouré d'une famille aimante. Mon père, Edmond, exploitait une ferme avec des vaches laitières et des chevaux de trait. Ma mère, Geneviève, pianiste, adorait jouer les pièces de Frédéric Chopin.

Devenus plus grands, pratiquants le violon, mon frère aîné Michel et moi-même avions coutume d'accompagner notre mère lors de soirées musicales en famille, avec pour auditeurs mon père, Suzanne, ma « nounou » et mon grand-père Jules. Nous interprétions des pièces faciles de Lully ou la méditation de Thaïs de Jules Massenet. La télévision ne nous avait pas encore envahis.

Mes grands-parents avaient recueilli Suzanne, issue d'une famille pauvre de onze enfants, à l'âge de dix ans. Elle avait tout naturellement intégré notre famille, y avait grandi, participait à toutes les tâches mais aussi à toutes les fêtes.

Altruiste, généreuse, aimante, m'apportant en permanence son soutien, je l'ai toujours considérée comme ma seconde mère. Elle ne devait quitter la famille que pour mourir à l'âge de soixante-dix-huit ans, ayant toutefois, avec deux enfants, pu connaître les joies de la maternité.

Ma mère, titulaire du brevet supérieur – diplôme alors valorisé – était aussi infirmière et dispensait bénévolement ses soins dans tout le canton et même au-delà.

Le grand-père Jules, militaire de carrière, commandant, avait fait la guerre de 14-18 et notamment Verdun sous les ordres de Pétain.

Mes premiers souvenirs s'imprimèrent vers l'âge de trois ans, soit fin 1941. Ma mère m'avait confié quelques jours à sa sœur Yvonne qui habitait au 64 rue de Vaugirard à Paris. Cette dernière travaillant à Paris-Rome, librairie catholique près de Saint Supplice, me confiait à la garderie des sœurs de l'église des Carmes, située à deux pas. Ce premier contact avec la grande ville, loin des miens, me procurait un sentiment d'abandon et de panique.

À ce premier « souvenir », toujours ancré en moi, vient s'ajouter celui de ces soldats allemands en nombre, près du Sénat, tant dans les rues adjacentes qu'au jardin du Luxembourg avec son guignol et son manège, toujours là à ce jour.

Autre image très forte que je garde encore: les oriflammes nazies – rouge et blanc à croix gammée – déroulées verticalement sur la façade de l'hôtel Lutetia. À l'approche de l'hôtel, avec ma tante, je peux vous dire que nous pressions le pas.

Ce n'est que l'année suivante, en 1942, que, ne voyant pas de père à la maison, ma mère m'expliqua qu'il était parti à la guerre mais qu'il allait revenir. Vu mon âge, sans souvenir de celui-ci, je ne posai pas davantage de questions.

En fait, papa, engagé volontaire, avait rejoint la France libre du Général de Gaulle.

J'appris bien plus tard, qu'en mission de renseignement, il s'était fait arrêter par les Allemands, en mars 1942, dans la « zone rouge », alors zone interdite, près de Calais et avait été aussitôt incarcéré à la prison d'Évreux.

Il eut pour compagnon d'infortune Pierre Semard[1] qui allait être fusillé dans la cour de la prison le 7 mars 1942.

Ne portant aucun document compromettant sur lui, papa, doté d'un flegme très britannique, prétextant être allé rendre visite à sa tante habitant Ardres dans le Calaisis, fut relâché quinze jours plus tard.

Libéré, il vint passer quelques jours à la maison en Normandie avant de rejoindre ses compagnons de la France Libre.

C'est donc à trois ans et demi que je connus physiquement mon père. Je ne devais le revoir que quelques jours au mois d'août 1944 à la fin des combats de Normandie. Il devait rejoindre son unité. Celle-ci fut rattachée à la 1re armée française du Général de Lattre de Tassigny.

Campagne d'Alsace, Rhin et Danube, il ne fut démobilisé qu'en juillet 1945.

Durant l'absence paternelle, ma mère et ma « nounou » Suzanne maintinrent tant bien que mal l'exploitation agricole.

Nombre d'amis parisiens, appartenant pour certains à la communauté israélite, venaient souvent, soit à bicyclette soit en train, se ravitailler en beurre, œufs, fromages et volailles. C'était toujours « cadeau » bien sûr et leur gratitude n'a jamais été défaillante.

1 Syndicaliste et grand résistant

À la maison, mon grand-père respectait un rituel immuable, passant le plus clair de son temps dans le salon. Devant une petite table à jeux, il multipliait les « réussites »[2] et à l'heure dite, ouvrait son poste de radio pour écouter la BBC[3].

Souvent, en fin d'après-midi, le chef local de la Wermacht, un commandant antinazi qui avait fait Verdun côté allemand, venait se joindre au grand-père pour écouter les nouvelles de Londres. Une sorte de camaraderie respectueuse s'était installée entre eux.

1943, ne me laisse d'autre souvenir marquant que ma fréquentation de l'école communale, distante d'un kilomètre de la maison. Je m'y rendais à pied ou assis sur le cadre du vélo de mon frère aîné.

Je veux ici rendre hommage à ce couple d'instituteurs, authentiques hussards de la république, Monsieur et Madame La Vaissière. Grâce à cette dernière, je savais lire et écrire à quatre ans et demi.

Je garde aussi le souvenir de la fenaison. Fauvette, notre percheron, tirait la faucheuse, la faneuse, la ranceuse et le râteau. Le foin était mis en « meulons » que nous rentrions ensuite dans les greniers pour nourrir les animaux l'hiver. Trop jeune, les nouvelles de la guerre m'étaient étrangères. La présence allemande dans nos campagnes

2 Jeu de cartes qui se joue seul, appelé aussi patience ou solitaire

3 Radio diffusion britannique basée à Londres

était relativement discrète. La vie campagnarde était, en Normandie, paisible, loin du vacarme des armes.

Fauvette tire le râteau à foin, conduite par ma mère

Cette vie calme et harmonieuse s'étirait lentement au rythme des saisons pour le plus grand bonheur d'un enfant de cinq ans entouré de l'affection des siens, même si le pain blanc, le chocolat et les oranges m'étaient inconnus.

Nous attelions la jardinière à Fauvette pour nous rendre au marché de Thiberville, car il n'y avait pas d'essence pour les automobiles. Comme cette jument était très calme et docile, Suzanne me confiait souvent les guides dès que je fus en âge de driver, vers quatre ou cinq ans. C'était pour moi un régal qui valait tous les manèges du monde. J'alternai les « hue » et les « ho » et le cheval obéissait à mon commandement. Je me sentais un grand bonhomme.

En route pour le marché de Thiberville

Ce que je préférais, c'étaient les jours où nous nous rendions au lavoir. La veille, nous avions fait bouillir le linge : draps, serviettes, torchons etc. dans de grandes lessiveuses en zinc sous un brasier, dehors ; nous avions balancé des boules bleues sur le linge dans les lessiveuses pour le blanchir.

De bon matin, on chargeait les lessiveuses sur une carriole. Notre jument attelée, nous filions au lavoir. Celui-ci était alimenté en eau par une résurgence de la Calonne, petite rivière qui poursuivait son cours jusqu'à Pont-l'Évêque où elle se jetait dans la Touques, laquelle gagnait la mer 10 km plus loin à Trouville-Deauville.

Au lavoir régnait une ambiance joyeuse. Les femmes, entre deux coups de battoir, s'interpellaient, racontaient les potins du village, riaient et chantaient. À midi, on sortait le casse-croûte du panier et nous mangions de bon appétit. Moi, de mon côté, je cueillais du cresson de fontaine dont les bords de la rivière regorgeaient, je laissais voguer des morceaux de bois, vaisseaux imaginaires sur ce « fleuve ». Tout me paraissait grand alors. Le bâtiment avec sa toiture en ardoises et ses piliers, les emplacements pour les lavandières au bord d'un plan incliné en pierre. Celles-ci battaient les draps avec vigueur ; le bruit des coups se mêlait aux cris, aux voix, aux chansons. Que c'était gai !

Sur le soir, le linge rincé dans la rivière et remis dans les lessiveuses, on chargeait ces dernières sur la carriole et « en avant Fauvette ! » jusqu'à la maison. J'adorais ces journées champêtres.

Ce n'est que le 6 juin 1944 que tout bascula. À 40 km des côtes, nous perçûmes faiblement dans le lointain le grondement des canons mais rien de plus. Le décès de ma grand-mère, ce jour-là, fut l'évènement marquant. Nous n'eûmes connaissance du débarquement, près de chez nous en Normandie, que le lendemain.

À six ans, j'étais maintenant en âge de comprendre ce qui se passait, sans évidemment en évaluer la portée.

Les quatre ou cinq jours suivants ne nous inquiétèrent pas plus que ça.

La vie semblait continuer comme avant, sans rien de changé. Puis soudain, un vacarme assourdissant nous surprit en plein sommeil. À 10 m de notre chaumière, des convois de chars allemands empruntant notre petite route non goudronnée, chargés d'hommes, faisant trembler le sol, roulaient vers le sud toutes chenilles grinçantes.

C'étaient les renforts, demandés par Rommel, venant prêter main-forte à la Wehrmacht, bousculée par les alliés.

On n'en menait pas large mais j'étais ébahi, fasciné par cette débauche de matériel, ces longues colonnes de chars que je découvrais pour la première fois.

Puis, les quelques jours suivants tout redevint calme comme avant.

Seule la nuit était troublée par le lourd vrombissement des forteresses volantes britanniques qui nous survolaient à haute altitude pour aller bombarder les villes allemandes. Une *flak*[4] était installée à 300 m de notre demeure et tentait d'abattre ces avions. Aucun ne fut touché. Quant à nous, par prudence, nous allions dormir dans une tranchée, creusée à 100 m de notre chaumière, qui nous paraissait trop près de la route.

À mi-juin, les choses s'accélérèrent. La ligne de front allemande cédant en de multiples endroits, des renforts de fantassins furent acheminés. De longues colonnes de soldats de la Wehrmacht marchaient vers le sud. Les ambulances venant du front remontaient vers le nord. Puis, des officiers s'avancèrent pour nous signifier qu'ils réquisitionnaient la maison pour en faire une infirmerie pour leurs blessés. Certains pauvres bougres étaient en piteux état. Les Allemands manquaient de personnel soignant. La

---

4 Unité d'artillerie allemande antiaérienne

maison, transformée en hôpital de campagne, ma mère, compatissante et bonne chrétienne, sans se soucier de leur uniforme ennemi, se joignit aux infirmiers allemands pour soigner ces malheureux. Je dois dire, encore aujourd'hui, combien je suis fier de sa conduite.

Tout ce chambardement dans la maison attisait ma curiosité. Je n'avais point peur. Je me sentais en sécurité. Je circulais librement au milieu des soldats blessés et il n'était pas rare que certains me manifestent des gestes paternels. Caresses sur la tête ou tapotements sur la joue. Des pères à qui je faisais songer à leur enfant? Un jour même, un soldat me prit à l'écart et armant la culasse de son fusil Mauser, accroupi, me tenant contre son flanc, mit en joue un corbeau qui volait au-dessus de nos têtes; il m'accompagna de sa main pour appuyer sur la détente. Inutile de vous dire que le corbeau vole encore. Ce fut mon premier contact avec les armes à feu.

Quelques jours plus tard, les Allemands repartirent vers le nord avec leurs blessés. Les combats tournant à l'avantage des alliés – le 17 juillet le maréchal Rommel[5] blessé, était transporté à l'hôpital de Bernay – les Allemands envoyaient des renforts vers le sud. C'est ainsi qu'un beau matin, une section de SS, tout de noir vêtus, visages durs et fermés, débarqua chez nous. Durant trois jours, nous fûmes chassés de la maison, ne demandant point notre reste. Avec leur « tête de mort », ils me terrifiaient. Enfin,

---

5 Commandant du groupe d'armée B situé en Normandie chargé de repousser l'invasion alliée. Le 17 juillet son véhicule est mitraillé par des avions de chasse alliés à hauteur de Vimoutiers.

début août, de longues colonnes de fantassins allemands, débraillés, visages piteux, remontaient en sens inverse vers le nord, fuyant les alliés. De nombreux soldats isolés, pénétraient dans notre cour, battant des bras et criant :

« Grand malheur !… Grand malheur !… »

Ils cherchaient des vélos, déjà volés depuis longtemps, pour fuir plus vite. Un après-midi, deux camions chargés de munitions et repérés par des avions de la RAF[6] vinrent se cacher sous les deux grands sapins qui ornaient l'entrée de la propriété. Mon grand-père, évaluant immédiatement le danger, morigéna les chauffeurs avec le peu d'allemand qui lui restait de la grande guerre et réussit à les faire partir. À peine avaient-ils parcouru 150 m, les appareils de la RAF, en basse altitude, les prirent en chasse et les mitraillèrent copieusement. Les deux camions s'immobilisèrent, s'enflammèrent et le feu d'artifice commença. Les munitions contenues dans les camions explosaient les unes après les autres. Les balles volaient dans tous les sens et, en courant, nous décidâmes de nous réfugier dans la tranchée où nous dormions. Avant même de l'atteindre, une énorme explosion se fit entendre. Des roues de camion, des objets divers étaient projetés jusqu'à nous. À la place des camions, il n'y avait plus qu'un énorme cratère dans la chaussée.

Nous assistions souvent à des combats aériens, la RAF dominait largement la Luftwaffe[7] en nombre d'appareils. La vitesse et la maniabilité des Spitfire[8] l'emportaient

6 Royal Air Force, aviation britannique

7 Armée de l'air allemande

8 Chasseur monoplace de la RAF l'un des plus utilisé

presque toujours sur les Messersmitt[9] et les Stukas[10]. Mon grand-père, fasciné par la vitesse des avions en piqué observait : « jamais aucun engin ne pourra aller plus vite ». Pour lui la limite était atteinte.

Enfin le 24 août, en quelques heures, toutes les prairies autour de nous furent envahies par une multitude de véhicules alliés : Jeep[11], Dodge, GMC, Weasel, chars Sherman. Nos libérateurs, des Anglais mais principalement des Canadiens, dont beaucoup de Québécois parlant français, furent accueillis avec enthousiasme. J'avais 6 ans. Ébahi devant une telle armada, je me mêlais aux soldats. Souvenir inoubliable : un Canadien me souleva par les épaules, m'installa sur le radiateur de son GMC et m'offrit une tablette de chocolat, du pain blanc, du pain de maïs (un peu jaune) et du chewing-gum ; autant de présents inconnus pour moi. Pour finir, il m'offrit son calot qu'il me vissa sur la tête. Aujourd'hui, je le garde toujours précieusement.

Quelques jours plus tard, quelle joie ! Mon père vint passer quatre jours à la maison avant de rejoindre son unité et poursuivre le combat. Qu'il était beau mon papa dans son uniforme américain orné du grade de sergent. Mon frère et moi n'étions pas peu fiers. Notre père rejoignit la 1re armée française, fit la campagne d'Alsace au sein des tirailleurs algériens, poussa jusqu'à Berchtesgaden[12] et ne

9 Avion de chasse allemand

10 Avion de chasse allemand

11 Jeep – camionnette Dodge – camion GMC – chenillette Weasel – char Sherman : véhicules alliés

12 Nid d'aigle d'Hitler

regagna son foyer qu'en juillet 1945. Larcin « souvenir » du nid d'Aigle du *Fürher*, un livre tiré de sa bibliothèque *Die Romanische Campagna* relié en cuir vert foncé et frappé des armes nazies à croix gammée. Le reste de mon enfance se passa sans encombre.

Le père de l'auteur en 1944

Après l'école communale de mon village, mes parents nous mirent, mon frère et moi, pensionnaires à Stanislas à Paris. Je n'en garde pas un bon souvenir. J'avais six ans. Discipline de fer, uniforme, nourriture exécrable (les tickets d'alimentation avaient cours). Le bacille de Koch vint à mon secours par une opportune primo-infection. Je regagnai alors ma campagne en Normandie pour finir l'année scolaire.

Après être passé par le collège Saint-Ouen à Pont-Audemer, puis par le collège Augustin Fresnel de Bernay, je terminais mon parcours au lycée Malherbe de Deauville, lycée quatre étoiles, aujourd'hui lycée André Maurois. Au collège de Bernay, je bénéficiai de la notoriété de mon frère Michel, athlète champion de France en athlétisme des 200, 400 et 800 m. Ces années studieuses se passèrent de la manière la plus normale. Littéraire, j'en garde toujours l'appétence pour le latin et surtout le grec ancien.

Toutefois, à Bernay, un jeune professeur agrégé, André Giacchetti, extraordinaire professeur de lettres m'a profondément marqué. Devenu par la suite professeur à l'université de Rouen et à la Sorbonne, spécialiste de « vieux français » reconnu par ses pairs, il fut l'auteur d'ouvrages remarquables sur Tristan et Iseut.

Jusqu'à son décès, j'ai eu l'honneur d'entretenir avec lui et son épouse Edith des liens de fidèle amitié.

Ma mère, Geneviève, qui n'était jamais malade, décéda soudainement à l'âge de soixante-six ans. Ses obsèques furent impressionnantes à tel point que le tombeau familial fut totalement recouvert de fleurs tant la population lui était reconnaissante des services infirmiers rendus.

Quant à mon père, il nous quitta en novembre 1988, à l'âge de quatre-vingt-cinq ans. Souffrant d'un cancer, en phase terminale, je lui rendis visite la veille au soir de sa mort. Curieusement, et c'est un phénomène assez fréquent, s'ils sont encore totalement conscients, les moribonds ont un « mieux être » quelques heures avant de « partir ». Ce fut le cas de mon père. Ce dernier soir, lui qui était habituellement fort peu disert, devint volubile et, chose qu'il n'avait jamais faite, se mit à me parler de la guerre, de ses camarades de combat. Pris d'une envie soudaine de bière – il en était amateur – je priai l'infirmière de lui en apporter une. Ce qui fut fait, mais finalement il ne put en boire qu'une gorgée. Sa dernière gorgée de bière.

Ensuite, me prenant le bras et me regardant droit dans les yeux, il me confia :

« Tu comprends, Bernard, avec cet Allemand nous étions face à face, les fusils braqués l'un sur l'autre et aucun n'a osé tirer. Nous nous sommes regardés quelques secondes, tétanisés, avant de baisser nos fusils et, après s'être salués d'un signe de tête, chacun s'en est allé de son côté. Je ne pouvais pas tuer un homme et lui non plus. Ce devait être un type bien. Je n'ai jamais raconté cela à personne mais normalement j'aurais dû mourir ce jour-là en 1945. »

Mon papa est décédé le lendemain, soulagé, je pense, d'avoir libéré son esprit de ce secret si longtemps gardé.

Avec mon frère, pour alléger notre peine et honorer sa mémoire, nous décidâmes de lui offrir des funérailles « à l'ancienne ».

Pour ce faire, nous avons ressorti le vieux corbillard communal à baldaquin, remisé dans un bâtiment depuis 1950. Il était en triste état et durant plus de quarante-huit heures nous avons travaillé jour et nuit à restaurer cet ancêtre, tentures à fils d'argent comprises. Nous nous sommes mis en quête de trouver un cheval élégant pas trop fougueux, habitué à être attelé, pour tirer le corbillard. Ce ne fut pas chose aisée, mais finalement nous avons pu trouver l'animal idoine.

Le jour des obsèques, le cercueil fut placé sur le corbillard stationné au bas du perron de notre demeure. Sur le cercueil, un canapé recouvert de médailles fort prestigieuses. Le cortège funèbre s'ébranla, empruntant l'allée du parc de notre propriété pour se rendre à l'église distante d'environ 300 m. Derrière le corbillard suivaient les charitons[13] et leurs bannières avec en tête les tintinelliers, leurs cloches imprimant le rythme des pas, suivis d'une forêt de drapeaux tricolores des associations d'anciens combattants de tout le département de l'Eure et même au-delà. Réellement impressionnant. Derrière cet aréopage, mon frère, moi-même et la famille, suivis des officiels, de la population du village et de toutes les personnes venues rendre un dernier hommage à mon père.

13 Confrérie de charité composée de paroissiens catholiques qui assurent bénévolement les inhumations et soutiennent les familles en deuil.

Ces funérailles avaient vraiment du panache et auraient été du goût de l'ami Georges Brassens, hélas parti en octobre 1981. Rappelez-vous sa chanson *Les funérailles d'antan*.

S'il nous a vus de là-haut, je suis sûr que notre père aura été content.

2
GEORGES BRASSENS

En 1952, j'entends, à la radio pour la première fois, Georges Brassens avec sa chanson *Le parapluie*.

Ce chanteur était encore inconnu et la gent féminine de l'époque n'en avait que pour André Dassary, Georges Guétary, Luis Mariano. Immédiatement je fus conquis par la poésie de ce chanteur.

Avec un camarade de collège de Bernay, Joël Bourdin, futur sénateur-maire, nous partagions cette admiration pour Brassens. Aux vacances, nous décidâmes de nous rendre à Paris pour rencontrer Georges. Un petit article paru dans *Paris Match* avait indiqué qu'il demeurait impasse Florimont dans le 14e arrondissement de Paris.

Un beau matin, sur le coup de 11 heures, nous voilà impasse Florimont; voie si petite et étroite que nous n'eûmes aucun mal à trouver sa maison. La grille d'entrée en photo sur son premier album puis sa vespa stationnée juste en face, nous confortèrent dans l'idée que c'était bien là.

Nous sonnons à la porte. Une petite dame toute simple, en tablier de cuisine, ouvre. C'était Jeanne.[14] Un peu penauds et intimidés, nous lui déclarons que nous admirons M. Brassens et que nous aimerions le rencontrer. Jeanne, avec un doux sourire nous dit :

« Attendez ! »

Puis, levant la tête vers le premier étage, héla Georges.

Nous vîmes apparaître notre idole à la fenêtre, chemise bleu dur et cheveux très noirs.

« Georges, veux-tu descendre ? Deux jeunes gens souhaiteraient te voir. »

Quelques secondes plus tard, Brassens, simplement, nous fit entrer dans la toute petite cour nous demandant ce que nous désirions. Après lui avoir expliqué le motif de notre visite, très gentiment il nous dit : « Venez » et nous fit pénétrer dans une toute petite pièce, immédiatement à droite du portail d'entrée, la cuisine de Jeanne.

Très intimidés, nous échangeâmes avec le poète, particulièrement bienveillant avec ces deux collégiens provinciaux de quatorze ans. Jeanne nous proposa de partager avec lui un verre de vin.

Très honorés, nous étions « aux anges ». Chats, chiens, une cane et même un corbeau s'agitaient autour de nous dans cette petite cour des miracles.

---

14 Jeanne Planche, épouse de Marcel, qui avait recueilli et caché Brassens, déserteur du S.T.O. – service du travail obligatoire en Allemagne.

Après nous avoir dédicacé et offert sa toute première photo de chez Harcourt, Brassens nous proposa de l'accompagner au garage Citroën, situé à deux pas, rue d'Alésia, pour prendre livraison de sa voiture. Nous n'allions pas dire non. Tout fiers, nous marchâmes à ses côtés jusqu'au garage où il prit possession d'une magnifique traction avant Citroën noire, 15 CV, qu'il nous fit admirer. Puis, en le quittant, il nous proposa de repasser le voir si nous revenions sur Paris.

Fort de ce premier contact, je revins le voir de temps en temps impasse Florimont ; ce qui ne fut pas le cas de mon ami Joël.

J'y ai rencontré ses amis, René Fallet, Jacques Grello et… Gibraltar qui veillait jalousement sur sa carrière. Au fil du temps, je peux dire que j'ai assisté à presque tous ses récitals à l'Olympia, à Bobino, à Sète, à Montpellier où j'étais étudiant.

Après le spectacle, j'allais souvent le retrouver quelques minutes dans sa loge ; jusqu'à son tout dernier concert à Bobino.

On le savait malade mais, allant pour la toute dernière fois le retrouver dans sa modeste loge, je fus frappé par son teint cireux, ses joues creusées, son air fatigué. René Fallet était là, lui aussi.

Brassens, avec pudeur, évita le sujet de sa maladie. Pourtant il se savait condamné. Il prit de mes nouvelles, évoqua notre première rencontre, impasse Florimont, et m'informa qu'il allait rentrer à Sète pour se reposer chez un ami médecin de Saint-Gély-du-Fesc. René Fallet et moi-même avons compris que c'était un adieu calme, serein et tellement digne.

Le 29 octobre 1980, à 20 heures, sur la route avec ma famille, France Inter annonce : « Georges Brassens est mort ».

Je gagnai la maison, le cœur gonflé, les yeux embués de larmes.

Comme nombre de Français, j'étais en deuil.

3
LE PROFESSEUR CHRISTIAAN BARNARD

Nous le verrons plus loin, mes activités diplomatiques m'amenèrent à rencontrer le Professeur Barnard.

En 1979, au moment de la crise centrafricaine, je rencontrai, à l'ambassade d'Afrique du Sud à Paris, l'ambassadeur Louis Pienaar, un homme charmant, d'une grande classe, hostile à l'apartheid. Des liens cordiaux s'établirent entre nous.

Il me fit l'honneur de venir passer, avec son épouse Isabel, quelques jours chez moi dans le Gard. Chargé d'une grosse caisse de vin de son pays, il me fit découvrir, à mon grand étonnement, des crus plus qu'honorables. Quelques temps plus tard, il me présenta le Pr Barnard. J'admirais cet homme qui avait osé la première greffe du cœur le 3 décembre 1969 au Cap, mais resté si simple, si aimable. Nous sommes convenus qu'à son prochain voyage en Europe, il viendrait passer quelques jours dans ma propriété gardoise.

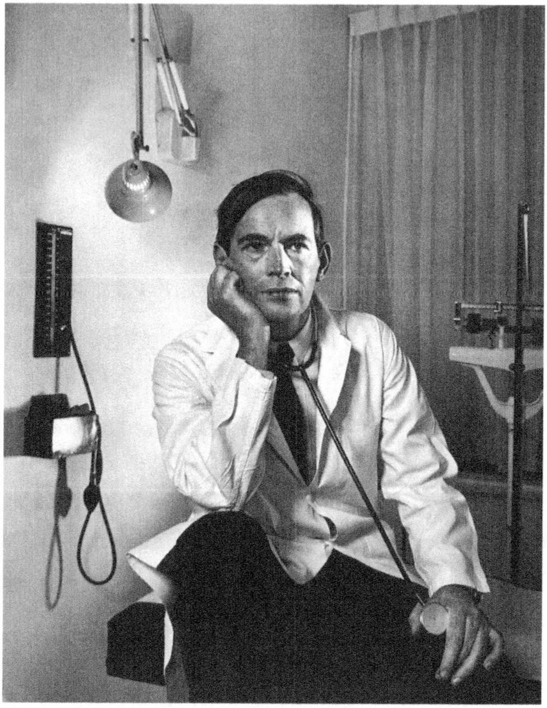

Le professeur Christiaan Barnard

Louis Pienaar, quant à lui se vit confier, de 1985 à 1990, par son gouvernement et par l'ONU, l'administration de ce que l'on appelait alors l'Afrique du Sud-Ouest (*South West Africa*, future Namibie) avec pour mission de conduire pacifiquement ce pays vers l'indépendance.

Mission remarquablement réussie. Ce qui lui valut d'être immédiatement intégré au gouvernement de Frédérik de Klerk (Prix Nobel de la paix conjointement avec Nelson Mandela), dernier gouvernement blanc, maître d'œuvre de l'abolition de l'apartheid et de la libération de Mandela en 1990.

En octobre 1980, conformément à sa promesse, le Pr Barnard me fit savoir qu'il se rendait à la foire du livre de Francfort et qu'à cette occasion, il se proposait de venir passer quelques jours chez moi avec son épouse Barbara.

Accompagné du Consul général Stéphen Wentzel, j'allais l'attendre à l'aéroport de Marseille. Lui, toujours aussi chaleureux et jovial; elle, jolie, très élégante, confirmait son ancien statut de mannequin. Barnard, ayant quelques jours avant, manifesté son désir de connaître les vins de Tavel, le président de la confrérie avait arrangé, sur notre chemin du retour, une intronisation privée et un dîner de gala.

Les journalistes de *Paris Match*, prévenus par la Confrérie, ne nous lâchaient pas d'une semelle.

Le lendemain, le doyen de la Faculté de médecine de Montpellier, le Pr Rabishong, avait organisé une réception à la faculté. Visite de la salle des actes (soutenances de thèses), avec, accrochés aux murs, les portraits peints de tous les doyens depuis la Renaissance et présentation de la robe de médecin de François Rabelais que personne n'avait le droit de revêtir, sauf exceptionnellement ce jour-là, le Pr Barnard.

Après une visite du magnifique musée d'anatomie de la Faculté, nous fûmes conviés dans un salon privé de la Réserve Raimbaud, excellent restaurant au bord du Lez. Le doyen avait eu la courtoisie d'inviter le meilleur chirurgien cardiaque de Montpellier, le Pr Thévenet. Les échanges entre ces professeurs étaient passionnants, empreints de respect et de chaleur. Au moment de nous séparer, le doyen me fit part de son désir d'honorer le Pr Barnard en lui attribuant le titre de docteur « honoris causa » de l'Université de Montpellier.

Le doyen et moi-même, avec pour lien, mon ami le Pr d'odontologie Jean Fabre, devions mettre sur pied la future cérémonie. Tout était cadré. Ne restait qu'à fixer la date en fonction des possibilités de Chris Barnard.

Las ! Le mandat du doyen arrivant à terme, une nouvelle élection devait se tenir. Un professeur de médecine, sans grand renom, mena une cabale sournoise contre le Pr Rabishong et, contre toute attente, fut élu.

Désireux de défaire tout ce qu'avait fait son prédécesseur, il annula la procédure visant à honorer le Pr Barnard. Quelle honte pour la Faculté et quelle humiliation pour moi de devoir informer ce dernier de l'abandon du projet. Heureusement, comprenant la situation, il ne m'en tint pas rigueur. La plus ancienne faculté de médecine de France avait failli.

Déjà, docteur honoris causa des plus grandes facultés du monde, Chris Barnard choisit d'en rire.

Poursuivant leur séjour chez moi, les Barnard appréciaient les bons petits plats que leur mijotait ma femme, excellente cuisinière. Lui, aimait se promener dans cette nature de garrigue et de bois, si exotique à ses yeux. Nous devisions longuement en marchant ; lui, répondant volontiers à mes questions sur sa première greffe cardiaque, sa position sur l'euthanasie et bien d'autres sujets variés.

Il avait à son actif plus de deux cents greffes cardiaques, la dernière réalisée neuf jours seulement avant sa visite en Europe.

« Lorsque je transplante un cœur, c'est une nouvelle vie que je donne » me dit-il.

Mais, me montrant ses mains – il souffrait d'une arthrite chronique et ses doigts lui obéissaient de plus en plus difficilement –, il me déclara que, bientôt, il ne lui serait plus possible d'opérer. Un vrai crève-cœur pour lui.

Cependant, il ne voulait pas raccrocher sans avoir réalisé une nouvelle forme de greffe : la greffe poumon-cœur. La pompe et le soufflet en même temps. En effet, m'expliqua-t-il :

« Par cette opération on contourne les problèmes posés par les greffes de poumon. De par la finesse des terminaisons vasculaires, impossible de greffer un poumon seul sur un cœur. Par contre, un poumon peut être greffé au niveau de la branche droite. »

Tout en marchant, nous parlions philosophie.

« Je travaille, je vis, et j'aime à fond. Je suis contre les demi-mesures » me confia-t-il.

Les préoccupations agrestes s'installaient également au menu de nos conversations. J'appris ainsi qu'il possédait 175 ha de vignes près du Cap, plantées de cépages cabernet et riesling ; qu'il désirait se lancer dans l'élevage de moutons et, pour couronner le tout, qu'il possédait deux restaurants au Cap.

Chose étrange, au cours d'un des dîners pris à la maison il se montra fort intéressé par le génocide vendéen, les Chouans, l'emblème du Sacré-Cœur. Pourquoi ?

Soirée chez l'auteur (de gauche à droite : Chris Barnard, Barbara, Bernard de Montrion, Martine Dessaud, Michèle, Maître Dessaud dit Titus)

Émerveillé comme un enfant, lorsqu'une compagnie de perdreaux s'envola devant nous. Grand scientifique, il demeurait d'une modestie peu commune. Imprégné de métaphysique, il voyait Dieu en chaque homme.

À cette époque, mon aisance dans la langue de Shakespeare était bien meilleure qu'aujourd'hui. En effet, connaissant déjà la Namibie, nous avions envisagé avec mon épouse de nous y installer. Nous avions alors suivi des cours d'anglais accéléré.

Ce pays, ne disposait d'aucun confrère pratiquant la chirurgie maxillo-faciale ni même la chirurgie bucco-dentaire un peu complexe. En voyage de reconnaissance, des confrères de Windhoek[15], pour emporter notre décision, avaient organisé un banquet en notre honneur dans les salons du plus grand hôtel de la ville. Mais, nous ne donnâmes pas suite. Une visite de mon épouse dans les écoles de la ville, la dissuada d'aller plus loin. L'éducation stricte, à la baguette, par de vieilles enseignantes teutonnes – l'Afrique de l'Ouest, ancienne colonie allemande, comptait nombre de germains – fut rédhibitoire. Elle ne pouvait imaginer livrer son petit garçon chéri à de telles harpies. Le projet tomba donc à l'eau.

J'en profitai pour rendre visite à mon ami Joof Lamprecht, propriétaire d'un ranch de 5 000 ha près d'Omaruru[16]. Son épouse, Marina, voulut nous présenter ses parents qui habitaient une villa sur les hauteurs de Windhoek. Ceux-ci étaient allemands.

Ils nous reçoivent chaleureusement, contents de rencontrer des Français. Ce sont des gens simples et courtois, mais je sens que le maître des lieux est mal à l'aise, qu'il a envie de parler. Il nous apprend alors qu'il était officier supérieur au moment de la bataille de

---

15 Capitale de la Namibie

16 Petite ville au nord du pays

Cherbourg en juin 1944, et qu'il a émigré par la suite à Windhoek. Nous comprenons qu'il a fui l'Europe pour se mettre à l'abri. Personnage quelconque, modeste, il paraît presque s'excuser auprès de nous. Il me donne son nom. De mémoire : « Ainhern ». Nous ne voulons pas en savoir davantage et abrégeons gentiment la visite, désireux de ne pas être désagréable envers leur charmante fille Marina.

Chris Barnard, père de cinq enfants, insistait pour que nous fassions encore au moins un autre enfant. Pour nous convaincre, il se proposa d'être le parrain du futur bébé. Mais, hélas, notre couple en resta là.

La Confrérie de Châteauneuf-du-Pape, avec laquelle j'entretenais les meilleurs rapports, souhaitait vivement introniser le Pr Barnard.

Pour ce faire, un chapitre spécial en petit comité se tint dans la salle du château, suivi par un dîner. Pour la circonstance, nous avions invité Emmanuel Vitria et son chirurgien le Pr Montiès, le Consul général d'Afrique du Sud Stephen Wentzel et nos amis le commissaire N'Guyen Van Loc (dit Le chinois) et Eric Tabarly, un habitué de l'Échansonnerie.

À l'échansonnerie des Papes :
rencontre entre Emmanuel Vitria et le Professeur Barnard

Transplanté en 1968, Vitria était alors le doyen mondial des greffés du cœur. Il devait vivre dix-huit ans avec son nouveau cœur. Présents également, Benad Avital Consul général d'Israël et notre ami Titus, avocat dont la renommée dépassait largement les frontières du Comtat Venaissin ; grand animateur des chapitres de la Confrérie de Châteauneuf-du-Pape ; il était apprécié pour sa vivacité d'esprit, son humour, son humanisme. Avant chaque transat, nous allions déposer quelques cartons de châteauneuf dans le voilier d'Eric Tabarly, grand amateur de ce nectar.

Chris et Barbara nous quittèrent, après un séjour de cinq jours, pour rentrer au Cap. Nous les accompagnâmes à l'aéroport de Marseille, chargés de quelques caisses de Tavel et de Châteauneuf.

Nous échangeâmes par la suite une correspondance amicale et régulière et puis, le 2 septembre 2001, j'apprends par la radio que le Pr Christiaan Barnard, en vacances à Paphos sur l'île de Chypre, est décédé, ironie du sort, d'une crise cardiaque. Le cœur gros, mes pensées s'envolèrent vers cet homme extraordinaire, si humain, si modeste et oh combien gentil et généreux.

4
LE PRÉSIDENT LÉOPOLD SÉDAR SENGHOR

Nous verrons plus loin que la chute de l'empire centrafricain fut amorcée, le 22 mai 1979, avec la dénonciation des massacres d'enfants par l'ambassadeur Sylvestre Bangui lors d'une conférence de presse matinale.

Invité par Yves Mourousi au journal de 13 heures, Sylvestre Bangui occupa tout le temps de l'émission de telle sorte que Jacques Chirac, invité initial présent à cette émission, ne put être interrogé à son tour faute de temps. Les deux hommes se connaissaient et s'appréciaient, de telle sorte que Chirac ne se formalisa point.

Nous étions en plein sommet franco-africain de Kigali[17]. Le président Valéry Giscard d'Estaing et les autres chefs d'État africains en furent informés immédiatement.

Sur place, Valéry Giscard d'Estaing, prudent, évita d'aller serrer la main de son « cousin » Bokassa. Mais, plus spectaculaire encore, le président du Sénégal, Léopold Sédar Senghor, refusa ostensiblement en salle de conférences, devant ses pairs, de saluer Bokassa. Toute la presse se fit l'écho de cette attitude.

---

17 Capitale du Rwanda

C'est donc tout naturellement, que menant l'opposition au régime de Bokassa, Sylvestre Bangui, ami que je soutenais activement, sollicita une audience auprès du président Senghor.

Accompagnant, à sa demande, mon ami nous fûmes reçus à la mi-août 1979 par le président du Sénégal dans un salon de son ambassade à Paris. C'est ainsi que je fis sa connaissance.

Le Président Léopold Sédar Senghor

Le contenu de l'entretien vous sera conté plus avant. Néanmoins, une sympathie partagée s'était installée entre nous. De plus, sa femme, comme moi, étant normande, il se rendait très souvent dans sa propriété de Verson près de Caen.

Cependant, c'est le décès en 1981 du duc de Levis Mirepoix, grand historien, de l'Académie française, qui permit de nous retrouver. En effet, le président Senghor fut élu à l'académie au fauteuil du duc et lui succéda. Ce dernier eut une fin de vie solitaire dans son château de Léran en Ariège. Le château, avec son contenu, mis en vente par son fils, fut acquis par mon ami Guy Jonca. L'habit d'académicien du duc figurait parmi les biens cédés.

Guy, sachant que je connaissais le président Senghor, me remit l'habit d'académicien et un magnifique et grandiose encrier de cristal, sachant que j'irais, bien sûr, les lui remettre en cadeau.

Celui-ci venait d'abandonner sa fonction de président du Sénégal un an auparavant et résidait à Verson. M'ayant déjà remis son numéro de téléphone personnel, je le contactai, lui fis part de ma démarche qu'il accepta fort volontiers et nous convînmes d'un rendez-vous. Je me rendis donc par un bel après-midi ensoleillé d'août à Verson pour rencontrer Monsieur Senghor.

Sa maison, au bord d'une large avenue, à la sortie du village, s'ornait d'un honorable escalier extérieur.

Ma voiture garée devant la maison, à peine sorti de mon véhicule, j'aperçois le Président qui, du haut de l'escalier, me fait de grands gestes de bienvenue.

Le temps de décrocher l'habit de sa patère, de prendre le coffret avec l'encrier sous mon bras et me voilà en haut de l'escalier à ses côtés. Après de chaleureux mots de bienvenue, il me décharge d'une partie de mes trésors et m'invite à pénétrer dans sa demeure. Je suis tout de même un peu surpris. Je l'avais précédemment rencontré en costume cravate, et là, il portait une tenue plus sport en velours marron et de hautes bottes de cheval en cuir. Déjà de petite taille et sec, il n'en paraissait que plus frêle. On s'installe dans un petit salon et il me propose immédiatement un rafraîchissement. J'opte pour le jus d'orange. Lui aussi. Et le voilà parti dans une pièce voisine préparer les breuvages. Revenu dans le salon, il fait le service le plus simplement du monde. Je réalise, presque avec gêne, que je suis en train de me faire servir par cet homme qui durant vingt ans a présidé aux destinées de son pays, cet homme de lettres unanimement reconnu, dont j'aime les poèmes, cet homme à la courtoisie si délicieuse, si gentil.

Toujours sous le charme, nous entamons une conversation à bâtons rompus, toute spontanée et libre.

Un ami, Jacques Gay, « vieil africain » ayant bien connu la famille Éboué, m'avait remis une photographie sur laquelle il figurait. Encore tout jeune homme, il assistait à un mariage de cette famille. Quelque temps plus tard il devait épouser en premières noces Ginette Éboué, fille du gouverneur général de l'A.O.F. Félix Éboué[18].

Je lui remis la photo en cadeau et là, surpris, il voulut savoir comment ce cliché s'était retrouvé entre mes mains.

À partir de cet instant, la conversation prit une tournure réellement amicale. Il devint très disert, répondant sans retenue à mes questions. Nous avons évoqué ensemble la gouvernance de certains présidents africains, des présidents Giscard d'Estaing et Mitterrand. Nous avons longuement parlé de notre combat pour chasser Bokassa, de l'affaire des diamants, de son successeur, Abdou Diouf et de l'épouse de celui-ci qu'il ne portait pas particulièrement dans son cœur, et de bien d'autres choses que je garderai pour moi.

Il me confia les sentiments ressentis lorsque, mobilisé en 1940 et affecté dans les tirailleurs sénégalais puis fait prisonnier, il avait été amené, comme d'autres camarades africains avant lui, devant un peloton d'exécution. En effet, les nazis, après la défaite française, avaient décidé d'exécuter tous les soldats de couleur – considérés comme des sous-hommes. Et ces crimes allaient bon train. Il ne comprenait toujours pas, par quel miracle, avec son petit groupe de condamnés, il avait été détaché du poteau et avait évité l'exécution. En fervent chrétien, il y avait vu une intervention divine.

---

18 Gouverneur général de l'Afrique occidentale française (AOF)
Gouverneur du Congo, il fut le premier à rallier la France Libre du Général de Gaulle.

Tous deux hellénistes, nous échangeâmes sur la mythologie grecque. Il me parla avec admiration de feu son ami Georges Pompidou, son camarade de Normale Sup, d'Aimé Césaire, de la « normandité », concept de sa création et pour finir, s'absentant à nouveau, il revint avec quatre volumes dont il me fit présent après les avoir gentiment dédicacés en termes fort élogieux pour moi. Il s'agissait de ses recueils de poèmes, de contes africains et de recueils sur la « normandité ».

Au bout de deux heures et demie de plaisir intellectuel, je décidai de prendre congé pour ne pas l'importuner. Nous avons, par la suite, entretenu une correspondance régulière, ne manquant jamais l'échange de nos vœux.

Il devait s'éteindre à Verson le 20 décembre 2001 à l'âge de quatre-vingt-onze ans.

Ma tristesse n'eut d'égal que mon admiration pour cet homme cultivé, chrétien humaniste, foncièrement honnête, droit et bon.

5
VIE ÉTUDIANTE ET FAMILIALE
CARRIÈRE PROFESSIONNELLE

En 1957, après le baccalauréat, je décidai de faire des études de chirurgie dentaire. À cette époque, la Normandie ne disposait d'aucune faculté de médecine, ni à Caen, ni à Rouen. Je m'inscrivis donc à la faculté de médecine de Paris. Cependant, avant d'entamer les études proprement médicales, les étudiants devaient passer le P.C.B. (certificats de physique-chimie-biologie), examen sous l'égide de la Faculté des sciences, située alors rue Cuvier, jouxtant la mosquée de Paris, tout près du Jardin des Plantes.

Les provinciaux, ne pouvant s'inscrire que les derniers jours, après les parisiens, ils héritaient des séries les plus dures. Je fus donc inscrit en série A, la plus difficile; ce fut une chance pour moi car cette série avait pour professeur de biologie Raoul-Michel May, lequel avait pour ami Jean Rostand[19], à qui il confiait la moitié de ses heures de cours. Ces jours-là, l'amphithéâtre était bondé, Jean Rostand ne dispensait pas vraiment des cours mais plutôt des conférences. Biologiste de renom mais aussi homme de lettres, émaillant son exposé de références et de citations gréco-latines, nous buvions ses paroles.

---

19 Fils d'Edmond Rostand, écrivain, auteur de *Cyrano de Bergerac*

J'avais retrouvé à Paris une camarade du lycée de Deauville qui poursuivait également des études dentaires. Mise enceinte par mes œuvres, je me devais, à l'instar de tout homme d'honneur en ce temps-là, d'épouser la jeune fille. Marié à Deauville en mars 1958, j'étais papa en août, à vingt ans, de Marina. Cette petite eut un destin tragique puisqu'elle devait perdre la vie en 2010 à la suite d'un terrible accident d'automobile sur une route de Balagne, à Lama en Haute Corse. Inutile de vous dire que la douleur d'un père ou d'une mère à la perte d'un enfant est ineffaçable. Sur mes trois enfants, il ne me reste plus qu'un fils, Thibault.

L'année suivante, las de la vie parisienne et de la pluie, je décidai de m'inscrire à la faculté de médecine de Montpellier.

En 1958, Montpellier était une ville moyenne de 80 000 habitants dont 15 000 étudiants. Tout était organisé pour ceux-ci. La vie y était autrement plus agréable et moins stressante qu'à Paris, le soleil en plus. Mes études furent menées à leur terme sans encombre et, sursitaire, il me fallut en 1963 partir effectuer mon service militaire. La guerre d'Algérie terminée l'année précédente, la durée du service venait d'être ramenée à seize mois. Je suivis le parcours habituel du Corps de santé avec pour passage obligé la caserne de Libourne[20] réservée aux médecins, chirurgiens-dentistes, pharmaciens, vétérinaires. La proximité avec Saint-Émilion nous permettait de faire de nombreuses et dionysiaques virées chez les vignerons locaux. Mon rang

20 Près de Bordeaux le maire d'alors n'était autre que Robert Boulin

de sortie me permit alors de choisir la Marine. Affecté à Toulon puis à Saint-Mandrier[21], je terminai mes obligations militaires à la toute nouvelle base aéronavale de Nîmes-Garons. Au cours de ces différentes affectations, je connus l'expérience de plonger en sous-marin.

À peine libéré, mais divorcé, je me remariai à Nîmes avec Michèle, toujours à mes côtés à ce jour. Avec mon épouse, je gagnais une belle famille aimante et sympathique, une belle-mère charmante et cuisinière hors pair, un beau-père complice et entreprenant.

De retour de voyage de noces au Maroc, aux Canaries et au Sénégal, il me fallait à présent ouvrir un cabinet. Après une étude minutieuse, je choisis de m'installer à Châteaurenard, près d'Avignon. Cela s'est avéré un bon choix. Une patientèle de qualité et fidèle m'accompagna tout au long de ma carrière. Cette patientèle dépassait largement les limites de la ville. Les ressortissants d'Avignon, Saint-Rémy-de-Provence, Noves, Eygalières, Eyragues, Rognonas, Barbentane etc. étaient bien représentés mais aussi les parisiens. Je n'oublierai jamais cette petite dame, déjà un peu âgée, si douce, si délicieuse, presque timide, Madame Mathilde Gabrielle Péri[22], veuve du héros de la Résistance, que j'eus l'insigne honneur de soigner jusqu'à son décès en décembre 1981. Elle était la grandeur habillée de modestie.

---

21 Presqu'île formant la partie sud de la petite rade de Toulon. Elle abritait l'École des mécaniciens de la Marine. Le porte-avions de l'US Navy Dixmude y était ancré et y resta jusqu'au 10 juin 1966.

22 Gabriel Péri, résistant fusillé par les nazis au Mont Valérien le 15 décembre 1941

Pour les interventions chirurgicales importantes, je disposais d'une clinique à Châteaurenard même et d'autres cliniques sur Avignon.

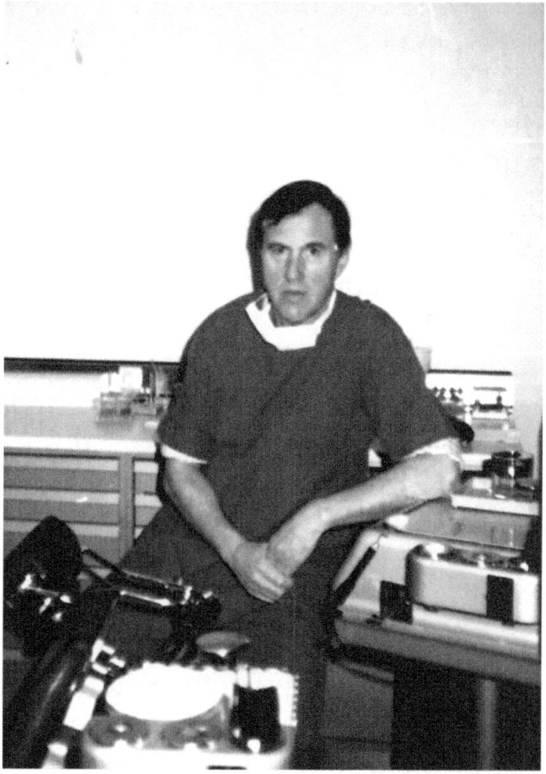

L'auteur dans son cabinet

Tout en tenant mon cabinet, bien secondé par ma femme et mes assistantes, je pris la décision de poursuivre mes études à la faculté, avec pour but de passer un doctorat d'état de 3e cycle. CES[23] de biologie et de parodontologie en mains, je décidai de poursuivre en immunologie pour

23 Certificat d'Études Supérieures

obtenir le diplôme de docteur en Sciences odontologiques. Je sollicitai alors mon professeur de bactériologie-virologie, Jacques Roux pour être mon directeur de thèse ; ce qu'il accepta spontanément. C'est un homme dont j'avais apprécié l'enseignement et la clarté de ses cours. Deux ans plus tard, je soutenais ma thèse, traitant d'un sujet d'immunologie sur les immunoglobulines A, dans cette magnifique salle des actes de la faculté. Avec bienveillance, le professeur Roux présidait le jury du haut de sa chaire. Il devait faire parler de lui quelques années plus tard, après avoir été président de l'OMS[24], dans l'affaire du sang contaminé. Alors Directeur de la Santé, sous le gouvernement Fabius, et après avoir alerté celui-ci à plusieurs reprises sur le danger d'utiliser des poches de sang issues de sujets porteurs du VIH[25], on était passé outre ses mises en garde et des personnes avaient été contaminées. Ce qui avait entraîné de nombreux décès du sida faute, alors, de traitement contre le VIH. Cette affaire portée en justice, devait durer des années, chacun niant ses responsabilités.

24 Organisation Mondiale de la Santé
25 Virus d'Immunodéficience Humaine, responsable du Sida

L'auteur soutient sa thèse de doctorat de 3e cycle devant le jury présidé par le Professeur Jacques Roux. Salle des Actes de la Faculté de médecine de Montpellier.

Le premier ministre s'était injustement déchargé sur le Directeur de la Santé. Jacques Roux, homme droit et honnête, en fut fort affecté jusqu'à la fin de ses jours.

Mon exercice professionnel se poursuivit sans encombre. Mais sur le plan familial, le 3 août 1970, alors en vacances à Casablanca avec mon épouse, nous eûmes la douleur de perdre notre fils aîné, Guillaume, dans des circonstances assez dramatiques. Par bonheur, l'année suivante le 4 octobre, notre couple eut la joie d'accueillir notre second fils Thibault. Ce dernier, très suivi par sa mère, fit toutes ses études, primaires et lycée, à Avignon. Petite anecdote : en primaire, Thibault, à la sortie de 17 heures, aimait entraîner sa mère à la pâtisserie voisine. Il leur arrivait parfois d'y rencontrer Léo Ferré qui habitait alors Avignon ; et ce dernier ne manquait pas de s'extasier sur ce « magnifique » petit garçon. Vous dire la fierté de la maman ! Autre anecdote : mon fils venait de passer brillamment son bac. Avec son ami Claude, fils de son professeur de maths, ils demandent aux parents le soir du résultat, la permission d'aller fêter leur succès en Avignon. Les parents donnent leur accord bien sûr, mais en posant pour condition d'être rentrés à la maison pour minuit trente. Il faut dire que, comme chaque année, le Festival approchant à grands pas, toute une faune interlope afflue dans la ville, apportant avec elle son lot d'insécurité. La semaine précédente, une jeune fille avait été retrouvée au petit matin assassinée, son cadavre caché derrière une allée de buis dans les jardins du Rocher des Doms, lequel jouxte le Palais des Papes. Recommandation est donc faite à nos enfants d'éviter d'aller se balader par là. Bien sûr, ils nous rassurent avec de belles paroles.

Je savais que Thibault avait une copine depuis quelque temps, mais c'était de son âge.

À notre domicile, minuit trente, personne. Je commence à râler. Minuit quarante-cinq, toujours pas de Thibault. Pas davantage à une heure du matin. Le temps passant, Michèle et moi commençons à « gamberger ». Ma femme me dit :

« Il a dû lui arriver quelque chose. D'habitude, il est sérieux. »

On appelle chez son ami Claude. Celui-ci était rentré à l'heure dite chez lui, s'était séparé de Thibault au cours de la soirée. Il n'en sait pas plus. Il paraît mal à l'aise.

Inutile de vous dire qu'avec Michèle nous sommes au « 36e dessous », morts d'inquiétude, envisageant le pire compte tenu de l'assassinat de la semaine précédente.

Nous décidons d'appeler la police. J'explique la situation au policier qui me répond au téléphone. Avec calme, celui-ci me rassure, me dit que mon fils s'est peut-être attardé avec une copine, qu'il a peut-être fêté son succès au bac avec un peu d'excès…

Je l'interromps et lui dis :

« Non ! Je connais mon fils, ce n'est pas son genre. Il a toujours respecté l'horaire. Je vous assure ce n'est pas normal, il ne nous aurait jamais fait ça, il lui est arrivé quelque chose. »

J'en profite pour lui dire que je suis un ami du commissaire Santa. De guerre lasse, le policier me dit qu'il va envoyer une patrouille pour rechercher mon fils dans toute la ville. En juillet, Avignon vit toujours à cette heure-ci ; les bars et restaurants sont encore ouverts. La ville brille de mille feux en cette période de préfestival.

Après avoir raccroché le téléphone, nous imaginons le pire, attendant l'appel de la police mais, en même temps, redoutant la terrible nouvelle qu'elle nous annoncerait. Les minutes sont interminables.

1 h 15 rien ! – 1 h 30 – rien ! 1 h 45 le téléphone sonne. Je me précipite sur le combiné. C'est le policier.

« Alors, votre fils n'est pas capable de transgresser votre horaire ? »

J'attends la suite. Il poursuit d'un air moqueur.

« Eh bien, Monsieur, on l'a retrouvé à l'instant, il descendait du Rocher des Doms, tranquillement, la main dans la main avec une copine. Vous voilà rassuré ?

— Oh oui ! Merci beaucoup. Gardez-le moi. Je viens le chercher. »

Nous étions tellement soulagés. Tout est bien qui finit bien. Mais quelle frayeur !

Sportif aussi, je le fus. D'un naturel quelque peu intrépide, j'ai pratiqué la plongée sous-marine en apnée, le ski, le ski nautique, l'aviation (j'étais alors propriétaire d'un Émeraude – avion de voltige –), l'Ulm et je fus un pionnier du paramoteur non sans quelques accidents ; mais j'ai toujours eu la chance de bien m'en sortir. J'ai également pratiqué l'escrime dans la discipline du sabre, ce qui me valut de recevoir, en 1985, aux jeux mondiaux de la médecine à Monaco, une médaille de bronze des mains du Prince Albert.

Michèle et moi aimions voyager. Nous avons eu le privilège d'avoir les moyens de satisfaire cette passion. Dès 1969, au moment où Neil Armstrong effectuait ses premiers pas sur la lune, nous étions en partance pour un tour du monde. Nous avons passé la nuit du 21 juillet 1969 à suivre en direct à la télévision l'alunissage de la navette spatiale, les premiers pas de Neil Armstrong, le planté de drapeau américain sur le sol lunaire. Très émouvant. Quelques heures plus tard, toujours le 21 juillet, nous partions pour l'aventure.

Partis vers l'ouest, nous fîmes la première escale à Los Angeles, suivie des étapes suivantes: Papeete, Moorea, Bora-Bora, Singapour, Hong Kong (via Saïgon, Phnom Penh et Vientiane) Bangkok, Athènes et Paris. À Singapour, en pleine guerre du Vietnam, des soldats américains en permission nous peignaient l'horreur des combats et des dangers qui les guettaient. De fait, à notre atterrissage à Saïgon [26], l'artillerie viêt-cong frappait la piste de ses obus. Idem à Vientiane[27]. Pas très rassurant comme accueil.

Hormis ce voyage exceptionnel, nous avons beaucoup visité l'Afrique noire, la Tunisie, le Maroc, l'Égypte, la Turquie, la Chine, la Russie, le Pakistan, le Vietnam, le Cambodge et la plupart des pays d'Europe ; également les États-Unis, le Canada, le Mexique, la Nouvelle Calédonie, l'Australie et pour moi l'Argentine et l'Uruguay. Et je dois en oublier.

Aventuriers dans l'âme, nous avons participé à de réels safaris en Centrafrique, au Tchad, au Burkina Faso, en Namibie. J'ai chassé également au Sénégal, en Uruguay, en Argentine, au Pakistan avec mon fils Thibault âgé de douze ans, au Portugal, en Irlande, en Hongrie, en Tchécoslovaquie dans les années 70, derrière le rideau de fer. Un climat de surveillance et de délation était omniprésent. C'était sinistre.

En prenant de l'âge, je me suis rendu compte du fait que j'étais toujours attristé, avec un sentiment de honte,

---

26 Devenue Hô-Chi-Minh-Ville depuis l'installation du régime communiste
27 Capitale du Laos

à la vue d'un gibier abattu par mon tir. J'étais en conflit avec moi-même pour qui la vie est sacrée et qui aime tant les animaux. J'apprécie les armes pour leur ingéniosité, leur esthétique, leur mécanique d'horlogerie ; j'aime le tir, sport de précision, j'aime le contact avec la nature et enrichir mes connaissances sur les animaux, leurs comportements, leurs mœurs etc.

Mais je pris conscience de la cruauté gratuite de cette activité et aujourd'hui, je ne veux plus, je ne peux plus ôter la vie d'un animal simplement pour mon plaisir. À présent, je tire beaucoup plus de satisfaction à entendre les tourterelles ou les palombes roucouler le matin, à voir des lièvres ou des garennes brouter à 15 m de moi sans songer à fuir, à caresser mes daims. Tout ce petit monde me connaît et vit en totale confiance avec moi. Ces animaux ont compris que je ne leur voulais aucun mal. Aussi, malheur à eux s'ils franchissent la haute clôture qui entoure mon domaine. Des porteurs de fusil, sans scrupule, n'hésiteront pas à les abattre, souvent à bout portant, pour le plaisir, pour la viande, pour leur petite vanité. Toutefois, je suis tolérant envers les chasseurs qui respectent l'éthique de la chasse.

Amateurs de théâtre, nous montions souvent à Paris voir jouer de belles pièces classiques à la Comédie Française ou autres salles parisiennes, avec des comédiens tels Jacques Charon, Georges Wilson, Robert Hirsh, Daniel Ivernel... Molière, Shakespeare, Becket, Pirandello étaient admirablement servis par ces comédiens. Nous avons aimé les spectacles de Georges Brassens, bien sûr, Jacques Brel,

Léo Ferré, Barbara, Serge Reggiani, Raymond Devos, Jean Ferrat, Guy Béart, Pierre Perret et Coluche. Nous avons aimé Félix Leclerc au Théâtre de la ville, la comédie musicale Notre Dame de Paris et tant d'autres artistes encore. Je garde aussi un excellent souvenir de notre soirée passée avec Carlos dans son cabaret, rue des Saints-Pères, invités par notre ami Jacques Bertin, chirurgien et ami de lycée du chanteur.

Carlos était un homme sympathique, jovial, très intelligent et plein d'humour. Imprésario de Sylvie Vartan et de Johnny Hallyday il était introduit dans le Tout-Paris du showbiz. Nous passâmes une excellente soirée en sa compagnie. Autre bon souvenir : un après-midi alors que je travaillais à mon cabinet, un ami de ma femme, Bernard Ginestar, alors imprésario de Joe Dassin vient nous inviter pour le récital donné le soir même à Châteaurenard. Encore une excellente soirée avec cet artiste. Après le décès de ce dernier, Bernard Ginestar est devenu l'imprésario de Michel Platini. J'ai également eu l'extrême privilège, à la fin des années 70, de rencontrer par trois fois, lors de soirées chez un ami, le philosophe Raymond Aron avec qui j'ai pu avoir des échanges fructueux.

D'un physique très particulier, il aimait porter un costume blanc qui ne passait pas inaperçu.

6
SAFARI EN CENTRAFRIQUE

C'est de Centrafrique, ce magnifique pays auquel je suis très attaché, et par un pur hasard, que commencèrent mes activités diplomatiques.

Tout a commencé en février 1972 par un safari.

Acheminés à Bangui par le vol régulier d'U.T.A.[28], mon épouse et moi-même devions rejoindre notre guide de chasse, M. Le Turc, à N'Délé[29], au nord-est du pays, par un vol de Centrafricair, compagnie nationale créée un an auparavant par Bokassa, alors « Président à vie » et principal actionnaire.

La flotte de Centrafricair était uniquement composée de deux monomoteurs à hélices Cessna, pilotés par deux pilotes français, ne pouvant embarquer, chacun, qu'une huitaine de passagers au maximum.

Six autres personnes, pour un motif identique au nôtre, devaient emprunter le même vol pour N'Délé. Parmi

---

28 Union des Transports Aériens, compagnie aéronautique française, filiale d'Air France

29 Petite ville, préfecture au nord est du pays près des frontières tchadiennes et soudanaises

celles-ci, le prince de Ligne, de la famille royale de Belgique.

C'était une constante chez Bokassa de tarder à régler les salaires, que ce soient ceux de sa garde présidentielle, de son armée, de ses fonctionnaires et donc, pourquoi pas, de ses pilotes.

Les arriérés de salaire d'une année étaient chose courante.

Jouant de malchance, nous nous trouvions dans une mauvaise période. Les pilotes, n'ayant pas touché leurs salaires depuis plusieurs mois, décidèrent de paralyser la compagnie. Le droit de grève n'étant pas admis, ils devaient user de stratagèmes pour faire la grève sans avoir l'air de la faire car ils risquaient ni plus ni moins que N'Garaba[30], la terrible prison aux portes de Bangui, pour une durée indéterminée. Ils utilisaient donc des artifices : moteur en panne, décollage puis retour à l'aéroport sous prétexte de défaut indiqué par le tableau de bord, tempête de sable etc.

Vous dire l'ambiance ! Nous passions nos journées sur le tarmac dans l'attente d'un hypothétique départ.

J'avais quitté mon cabinet pour une semaine afin de m'offrir ce safari et bouillais d'impatience.

---

30 Principale prison de Bangui où les conditions d'hygiène et sanitaires sont catastrophiques où les mauvais traitements et l'arbitraire sont la règle.

Premier jour, pied de grue sur la piste à attendre car les pilotes laissaient entendre que l'on pourrait bientôt partir.

Deuxième jour, les appareils ayant été rentrés au hangar, le pilote ne « trouvait plus la clef » et ne pouvait donc pas sortir l'avion. Qu'à cela ne tienne, un peu énervé, à la tête de quelques compagnons d'infortune, nous parvenons à ouvrir la porte du hangar. Le pilote, coincé, nous fait donc grimper à bord, destination N'Délé. Nous décollons, volons cinq minutes, puis retour à Bangui ; un cadran de bord indiquant, paraît-il, un « défaut ».

Troisième jour, nous apprenons que l'avion militaire DC3, bimoteur à hélices, offert par le Général de Gaulle à Bokassa, doit transporter une cargaison de Beaujolais, dont ce dernier était alors très amateur, pour son chalet du parc de Floris près de N'Délé.

Avec Michèle, nous nous rendons au hangar militaire à l'autre bout de la piste pour voir si l'on peut trouver une solution de ce côté-là.

Dans le hangar, des Russes s'affairent autour d'hélicoptères. Nous avisons alors le capitaine d'aviation pilote du DC3. On lui demande s'il veut bien nous prendre. Après moult palabres et l'offrande d'un gros billet, le capitaine accepte.

Départ prévu en début d'après-midi.

À l'heure dite, nous sommes au pied de l'avion, laissant nos compagnons un peu jaloux. On nous fait monter à bord. Nous prenons place sur des sièges en fer disposés en longueur de chaque côté de la carlingue. Normal ! C'est un avion militaire.

Bientôt suivis d'une escouade de soldats de la garde présidentielle qui prend place sur les sièges restants.

Le capitaine nous avait prévenus. Pas question pour lui de se poser sur la piste de l'aérodrome de N'Délé, puisqu'il devait impérativement atterrir sur la piste privée de Bokassa jouxtant son chalet de chasse. Nous étions convenus, qu'il nous équiperait de parachutes, – nous avions déjà sauté dans la neige à Courchevel – et nous larguerait à basse altitude au-dessus de l'aérodrome de N'Délé. À mon grand étonnement, quand il nous fit cette proposition, Michèle acquiesça sans broncher et pourtant ce n'était pas sans risques.

Il fallait compter deux bonnes heures de vol pour atteindre notre destination.

Nous voilà installés, équipés, convaincus que tout allait bien se passer, que nous arrivions au terme de nos malheurs. Seul problème, une odeur très forte de soldats en sueur avait envahi la carlingue et Michèle en était fort incommodée, mais bon ! Ce n'était pas bien grave.

Les militaires, intrigués par notre présence, n'osaient dire mot. D'ailleurs, le vacarme des moteurs ne favorisait pas le dialogue.

Patatras ! Après une grosse heure de vol, le pilote annonce qu'une tempête de sable s'est levée – c'est chose courante en Afrique centrale – et que notre appareil allait devoir faire demi-tour et regagner Bangui.

Nous sommes assommés. Nous voyons notre safari et nos vacances évaporés, perdus. Dans cinq jours, il nous faudra repartir de Bangui vers la France.

À la descente de l'avion, nous rejoignons nos compagnons de voyage, surpris de nous revoir, qui nous accueillent avec une moue gentiment moqueuse. On leur explique les raisons de notre demi-tour et force est de constater que notre petit groupe a perdu tout espoir de quitter Bangui pour rallier chacun son territoire de chasse ; la situation, totalement bloquée, n'évoluait pas. Il était 17 heures, l'heure de regagner notre hôtel. C'est alors, très contrarié, que je décide de me payer de culot. Nous avions appris que Bokassa résidait alors au Camp De Roux, situé sur la colline dominant le fleuve Oubangui, face à notre hôtel.

Parmi ses nombreuses résidences, celle-ci était la plus luxueuse et la plus kitsch. Avec l'inconscience ou l'insouciance de mes trente-quatre ans, je me rends à l'entrée du Camp De Roux et formule auprès du planton mon désir de rencontrer le Président Bokassa. Je décline mon identité et précise qu'il s'agit d'une affaire urgente. Le planton décroche son téléphone et nous voilà partis pour un quart d'heure de « palabres téléphoniques » en sango, langue du pays dont je ne connais pas un traître mot. Debout près de la guérite du planton, j'attends. Puis, celui-ci se penche vers moi et me demande :

« C'est à quel sujet ?

— Je ne peux vous le dévoiler, lui dis-je. Mais précisez bien qu'il s'agit d'une affaire urgente, grave, qui risque d'avoir de fâcheuses répercussions diplomatiques. »

Reprise de la conversation téléphonique et deux minutes plus tard, le planton raccroche en me disant :

« Attendez, on va venir vous chercher. »

Un instant après, un homme en costume cravate vient à moi, affable, cordial.

« Je vais vous conduire auprès du Président » me dit-il.

Puis d'ajouter :

« Il est très intrigué et curieux de connaître le but de votre visite. »

Nous cheminons en silence une bonne centaine de mètres et atteignons une bâtisse assez modeste, sans grand caractère.

On m'introduit dans la maison, puis dans un petit salon, meublé de fauteuils de style Louis XV dorés, chargés à souhait, d'un goût douteux. À peine assis dans l'un de ces sièges, soudain une porte s'ouvre, un homme petit, nerveux, dont j'avais vu le portrait dans le hall de l'hôtel, entre. C'est Bokassa.

Je me lève. N'ayant pas encore l'habitude de rencontrer des chefs d'État, je me sens tout à coup intimidé. Je me dis au fond de moi-même « tu es fou ! Dans quel pétrin es-tu en train de te mettre ? ».

Je me reprends vivement, aidé par un Bokassa souriant, aimable. Il me dit de reprendre place et vient s'asseoir à mes côtés.

Sans attendre, d'une petite voix haut perchée, il attaque :
« Alors docteur, qu'y a-t-il de si important ? »
J'embraye aussitôt en lui exposant notre situation depuis quatre jours, la défaillance de Centrafricair, les « manœuvres » des pilotes, méprisantes pour les clients. Autant de choses catastrophiques pour le développement du tourisme en Centrafrique.

Le Président, ignorant cette situation, laisse éclater sa colère.
« Pourquoi ne m'a-t-on rien dit ? » s'emporte-t-il.

Une fois l'ire retombée, j'en profite pour lancer mon dernier atout :
« Cette situation est d'autant plus délicate qu'au sein de notre groupe figure le prince de Ligne, de la famille royale de Belgique, proche parent du roi Baudoin.
Vous n'auriez, M. le Président, que des avantages à retirer en débloquant cette situation. »

Sans me laisser aller plus loin, il me lance d'un ton décidé :

« Docteur, vous avez bien fait de venir me voir. Soyez tranquille, je vous garantis que vous pourrez partir demain pour N'Délé. »

Je me perds en remerciements et il me propose de partager un whisky avec lui. Il héla un boy qui quelques instants plus tard apporta le Chivas et les glaçons.

Après un échange de paroles aimables, ne voulant pas l'importuner davantage, je m'éclipse et rejoins mes compagnons à l'hôtel, pas peu fier de leur annoncer notre départ garanti pour le lendemain. Certains devaient sans doute rester dubitatifs. Le lendemain, mes dires étaient confirmés.

Nous ne connaissions de l'Afrique Noire que le Sénégal. Au cours du périple de notre voyage de noces, nous avions visité Dakar et poussé une excursion prédestinée jusqu'à Joal Fadiouth, lieu de naissance de Léopold Sédar Senghor.

La découverte de la savane et de sa faune ne cessait de nous émerveiller. Une seule piste à partir de N'Délé nous menait vers la zone de notre territoire de chasse près des frontières du Tchad et du Soudan.

La piste quittée, avec notre Land Rover 88, nous devions nous frayer un chemin au milieu des grandes herbes et des kékés – c'est ainsi qu'on appelait les arbustes divers, sorte d'acacias épineux au tronc de 5 à 10 cm de diamètre – obligés souvent, de les pousser doucement pour les coucher, avec le pare-chocs avant de la Land. La progression était alors fort lente ; nous avions l'impression d'être les premiers hommes à pénétrer ce territoire sauvage.

Notre campement avait été installé sur la rive de la Gounda. Au mois de mars, c'était un petit cours d'eau qui s'écoulait lentement avec une profondeur maximum de 80 centimètres au milieu de son lit, lequel était très large, car à la saison des pluies, la Gounda pouvait prendre les proportions d'un véritable fleuve.

Une plage en pente très douce s'avançait dans la rivière. C'est sur cette plage, en plein air bien sûr, que des lits Picot avaient été installés pour les deux guides français, ma femme et moi. Les pisteurs et boys avaient construit à l'écart, deux cases à « l'africaine ». L'une servant de dortoir et l'autre de cuisine. Une cabine de douche, bâtie avec des branchages, avait été installée à une trentaine de mètres à l'arrière de nos lits. La douche elle-même était constituée d'un seau percé de trous qu'il suffisait d'incliner, à l'aide d'une corde, pour goûter les bienfaits de l'eau fraîche de la rivière sur nos corps moites, écrasés par la chaleur.

Sur l'autre rive, à l'abri de nos regards, un autre campement était installé, bien moins rudimentaire que le nôtre. C'était celui de M. Laboureur, un guide célèbre pour être celui de Valéry Giscard d'Estaing. Justement, le Président français y séjournait en cette période.

Pour ce premier jour de chasse, M. Le Turc nous confia à son assistant et nous passâmes la journée à parcourir la savane en Land Rover, après avoir poussé au-delà de la rivière Kappa[31].

Nous voyons beaucoup d'animaux, j'en découvre certains que je ne connais pas mais le guide cherche un trophée. Nous tombons sur un joli cobe de Buffon, une grande antilope.

En rampant dans les herbes, je finis par l'approcher sans l'alerter. Je tire. Il tombe net.

Je m'approche et découvre un animal magnifique, élégant. Je ne suis pas très fier de moi.

C'est M. le Turc qui nous prend en charge pour la deuxième journée. Lever à 5 h 30 et petit-déjeuner. Après quoi, il nous demande de le suivre et nous ramène à nos lits Picot.

« Regardez » nous dit-il, en nous montrant de belles grosses empreintes entre mon lit et celui de Michèle.

Nous l'interrogeons du regard.

« Un lion est passé cette nuit entre vous deux pour aller boire à la Gounda. »

Force est pour nous de le croire. Les empreintes montrent que le lion, un gros adulte, est passé à 1 mètre de nos couches sans s'occuper de nous, conscient que

31 Rivière située au nord de la Gounda parallèle à celle-ci dont le lit est légèrement plus petit.

l'homme endormi, son prédateur si craint, ne présentait plus de danger pour lui.

Impressionnés, mais sans vraiment ressentir de peur rétrospective, nous partons détendus pour cette deuxième journée de chasse. Nous croisons un magnifique bubale à une distance limite pour le tir. Je le manque et cette très grande antilope s'enfuit, laissant en moi un sentiment de satisfaction. Nous avions besoin de viande pour nourrir les boys et nous-mêmes. On se mit donc à la recherche d'un buffle. Ça me convenait bien car je portais un autre regard sur le buffle. Sa chasse, contrairement à ce que l'on pourrait croire, était très dangereuse, car, même grièvement blessé, il chargeait encore longtemps.

Doté d'une mauvaise vue certes, mais surtout d'un odorat remarquable, son pistage et son approche demandaient une profonde vigilance. Si ses naseaux vous débusquaient à faible distance, vu sa rapidité de sprint, vous n'aviez aucune chance d'en réchapper. Ce jour-là, nous partons à la recherche de traces fraîches et deux heures plus tard, notre pisteur nous montre une empreinte de gros sabots.

Il faut l'expérience du pisteur pour déchiffrer les marques sur cette terre sèche et dure. Ces hommes, si près de la nature, sont extraordinaires. Alors que nous, « les civilisés » ne remarquons pratiquement rien, ils lisent sur le sol comme dans un livre ouvert.

Je pars seul avec mon pisteur, laissant Michèle et le guide à la Land.

Carabine sur l'épaule, je suis ce petit Africain en qui je remets mon destin.

Nous marchons environ une heure. Le pisteur marque une pause de temps en temps pour examiner le sol et, sûr de lui, trace sa route sans hésitation. Tout à coup, il s'arrête pile et me montre du doigt une touffe d'arbres – nous sommes en savane boisée – . Il insiste avec son index pointé mais je ne vois rien. Par des mimiques, je le lui fais comprendre. Il prend un peu de terre dans sa main, il la met en poudre et, levant le bras, ouvre sa dextre, libérant cette poussière qui tombe lentement, légèrement déportée par une brise que je ne sens même pas.

Je comprends qu'il va nous falloir faire l'approche à contrevent pour ne pas être repérés par les naseaux affûtés du buffle. Nous partons doucement à reculons puis, en silence, contournons la touffe d'arbres par la droite, de manière à nous mettre à contrevent.

Le pisteur fait pile à nouveau, l'index pointé. Je scrute dans la direction et au premier abord, ne vois rien ; puis, tout à coup, mes yeux se portent sur une masse sombre au cœur de la touffe d'arbres.

C'est notre buffle. Sa tête porte d'énormes cornes. Un beau trophée !

Il est encore trop loin, il nous faut l'approcher davantage. Pourvu que le vent ne tourne pas. Quelques instants plus tard, il est à portée de tir. Mais, a-t-il senti quelque chose ? Le voilà qui commence à s'agiter. Il ne faut pas traîner. Je le vise et presse la détente. La détonation du 375 Magnum déchire le silence de la savane. Nous percevons l'impact sec de la balle sur l'animal, lequel part comme une fusée, comme fouetté par une cravache. Il fonce dans notre direction. J'ai rechargé ma carabine, prêt à doubler ; notre buffle s'écroule alors brutalement, terrassé à mort.

En l'examinant de près, je constatai que ma balle l'avait touché au cœur. D'où cette réaction bondissante, le temps que le cœur s'arrête.

Rentrés au campement, une forte odeur de putréfaction vint chatouiller nos narines. Une carcasse d'animal en putréfaction probablement. Nous verrons demain de quoi il retourne.

Demain, c'est notre troisième et avant dernier jour de safari.

L'odeur s'est amplifiée, vraiment insupportable. Dans le ciel, à une distance de 2 ou 3 kilomètres sur l'autre rive, des centaines de charognards tournent dans le ciel autour du même point.

M. Le Turc, accompagné de Michèle, décide d'aller voir ce qu'il en est.

À leur retour, ils nous narrent l'affaire.

Arrivés sur place, ils découvrent le cadavre d'un éléphant. M. Laboureur, déjà là, les invective, laissant entendre que cet éléphant aurait été tiré par les clients de Le Turc et serait venu mourir là. Fadaises bien sûr ! Mais Laboureur était gonflé d'orgueil depuis qu'il guidait les chasses de Giscard et de ses cousins.

Après cet échange « d'amabilités », un examen attentif de la carcasse montrait que l'éléphant avait été blessé à mort à coups de sagaie[32] par des braconniers, et Dieu sait si la zone en était infestée. Il était venu mourir là, probablement très loin de l'endroit où il avait été touché.

Sur place, les charognards avaient attaqué le cadavre par l'anus et l'avaient totalement vidé. Seule, l'épaisse peau restait tendue si bien que, de loin, ce cadavre semblait intact.

Après ce compte rendu, nous partons à la chasse. L'adjoint de Le Turc nous accompagne avec deux pisteurs. Comme les jours précédents, nous prenons la piste qui mène à la Kappa. Après avoir roulé pendant environ une heure, nous tombons sur un magnifique lion à crinière installé au milieu de la piste. Stoppant le véhicule, le guide me crie :
« Tirez !... Tirez !... »

Et, à son grand désespoir, je ne lève même pas ma carabine ; je suis admiratif de cet animal si noble, si beau, si puissant, et, dans la circonstance, si vulnérable. Le lion part sur le côté dans les hautes herbes, sans se presser,

32 Lance courte à forte lame utilisée comme arme de jet, hampe en bois à laquelle est fixée par une ligature une pointe métallique.

puis s'arrête encore quelques instants, il nous regarde puis s'enfonce enfin dans la savane.

Notre guide est fou de rage.
« Mais pourquoi n'avez-vous pas tiré ? C'était une occasion inespérée ! »

Et il répète en boucle :
« C'est pas possible ! C'est pas possible ! »

Il meurt d'envie de m'engueuler, mais je suis son client, il ne peut pas.

En revanche, avec Michèle, nos regards se croisent et elle me glisse à l'oreille :
« Tu as bien fait, ça aurait été dommage, il était si beau, si fier dans le soleil levant. »
J'avais perdu la considération du guide mais gagné l'estime de ma femme.

La journée se poursuit ainsi mais l'on sent que pour le guide, le cœur n'y est pas. Il se défoule sur les pisteurs en leur parlant grossièrement avec des réflexions racistes de bas niveau.

Je les aime bien moi ces garçons, toujours aimables et dévoués, souriants, polis et si compétents ; même s'ils ne possèdent que quelques rudiments de la langue de Molière. J'arrête donc les invectives du guide en lui signifiant que nous n'admettons pas qu'il s'adresse à eux de cette manière. Il dodeline de la tête en ronchonnant mais finit par s'arrêter.

Il fait partie de ce qu'il est convenu d'appeler : « les petits blancs », des individus ratés, incultes, paumés, venus tenter leur chance en Afrique, se classant dans la race supérieure.

Nous poursuivons notre traque et soudain les pisteurs nous font signe de nous arrêter. Ils ont repéré des traces fraîches. Des traces de buffle encore. Même technique d'approche que la veille, mais tout à coup nous tombons sur un buffle à découvert dans une clairière à une cinquantaine de mètres. Il nous a repérés. Il fonce vers nous. Heureusement ma carabine est armée. Je fais feu sans attendre, il court encore, je tire une seconde balle qui l'arrête brutalement à une vingtaine de mètres de nous. La montée d'adrénaline a été forte. La Land Rover nous rejoint pour charger l'animal et nous rentrons au camp.

Il ne nous reste plus qu'une petite journée de chasse car il nous faut être le lendemain à 18 heures à l'aérodrome de N'Délé, un avion de Centrafricair devant venir nous chercher, avec d'autres chasseurs, pour nous ramener à Bangui. Nous sommes samedi et dimanche nous devons embarquer pour la France sur le vol régulier d'UTA à 10 heures.

Lundi matin, je dois être à pied d'œuvre dans mon cabinet à 8 h 30.

Debout à 5 heures, après un frugal petit-déjeuner, nous partons avec Le Turc et les pisteurs. Il fait encore nuit. Nous filons vers le nord avec l'intention de gagner la zone frontalière tchado-soudanaise. Le guide aimerait mettre à notre tableau de chasse un élan de Derby. C'est la plus grosse antilope d'Afrique. Elle peut atteindre 650 kg. C'est un animal méfiant dont la rencontre est plutôt rare.

Nous croisons des cavaliers sur des petites montures, armés de vieilles pétoires.

Ce sont des bandits-braconniers soudanais qui font de fréquentes incursions sur le territoire centrafricain. Ils s'en prennent régulièrement aux villages, emportant bétail, vivres, et parfois de toutes jeunes filles destinées à l'esclavage sexuel dans les pays arabes du Golfe.

En les croisant, nous tenons ostensiblement nos carabines à la main. Cependant, nous ne risquons rien, ils ne s'attaquent pas aux blancs, connaissant la puissance de nos armes.

Notre véhicule s'enfonce de plus en plus dans cette savane boisée de kékés. Les pisteurs, l'œil aux aguets, cherchent à travers les arbres un hypothétique élan. Nous sommes au milieu de la matinée. Il fait déjà une chaleur accablante.

De temps à autre, des pauses permettent au pisteur de s'écarter de la Land, à la recherche d'empreintes d'élan. C'est au cours d'une de ces pauses qu'il trouve des traces fraîches. Nous partons tous à la suite du pisteur. Le boy chauffeur reste seul avec le véhicule.

Nous marchons pendant plus d'une heure, le soleil est haut. Il fait très chaud. Il arrive au pisteur de perdre la trace. Alors, il s'éloigne, tourne, agrandit le cercle et finit par la retrouver. Ces hommes sont extraordinaires. Puis tout à coup, notre pisteur s'arrête et pointe du doigt juste devant nous. Il est là, ce bel élan, à 100 m, en train de manger des feuilles de kéké.

Vite on s'assure d'être à bon vent. Pour ce faire, il nous faut nous déporter lentement à gauche avant d'effectuer l'approche. Michèle reste en arrière avec un boy et je pars avec le pisteur et Le Turc. Nous n'avons d'yeux que pour l'antilope. On s'approche à une cinquantaine de mètres, on avise un petit talus pour se cacher.

Je me prépare à viser l'élan lorsque tout à coup, à 60 m de nous, sortant à grand bruit d'une touffe d'arbres épaisse sur notre gauche, un buffle s'élance dans notre direction. Nous n'avons pas le choix. Adieu, bel élan !

Je braque mon arme vers le buffle, le mets en joue et presse la détente. Je dois doubler pour l'arrêter. M. Le Turc se tenait prêt pour une ultime balle si nécessaire. Tout à notre élan, nous ne nous étions pas méfiés et n'avions pas vu ce buffle. Mais ce dernier, à bon vent pour lui, nous avait repérés depuis longtemps.

Tout est bien qui finit bien. La Land, châssis long, prend en charge le buffle et nous rentrons au campement pour préparer nos affaires et partir pour N'Délé.

Après avoir chargé nos bagages et fait nos adieux aux pisteurs, aux boys et à Le Turc, nous levons le camp, accompagnés par le guide adjoint.

À 17h30, nous sommes sur l'aérodrome, d'autres chasseurs attendent aussi dont deux Italiens. 18 heures, rien ! 18h30, rien ! 19 heures, toujours rien !

L'avion ne viendra plus à cette heure, la nuit commence à tomber – elle tombe très tôt en Afrique équatoriale –.

« Amenez-nous par la piste jusqu'à Bangui, dis-je au guide.

— C'est à 800 km, nous allons donc rouler toute la nuit pour ne pas rater l'avion de 10 heures. »

En rechignant, devant ma détermination, il finit par accepter.

On fait le plein d'essence et les deux Italiens nous demandent de bien vouloir les prendre. Ils s'installeront sur les bagages à l'arrière.

Nous voilà partis. Le guide conduit mais, à mes yeux, trop doucement. Certes, la piste est dégradée avec d'énormes nids-de-poule. En deux heures, nous n'avons parcouru que 50 km. À cette allure, nous ne risquons pas d'être à temps pour notre avion.

Malgré mes invitations à accélérer l'allure, le chauffeur me dit qu'il ne peut pas aller plus vite. Je décide alors de m'imposer et lui ordonne de me laisser le volant. Les Italiens sont ravis.

Nous avons à peine douze heures pour effectuer le trajet et il nous faudra compter avec la traversée de Bangui. Notre vitesse a doublé mais notre confort y a perdu. Je fonce dans la nuit essayant d'éviter les trous, les nids-de-poule.

Nous traversons des villages endormis et, à mon grand regret, j'écrase quelques poulets qui vagabondent sur la piste rouge ou sortent brusquement d'entre deux cases.

Je conduis avec ma montre, je ne sens même pas la fatigue tellement je suis sur le qui-vive, craignant un obstacle imprévu.

La Land Rover souffre, je sens la direction moins souple, les amortisseurs doivent en prendre un coup. Personne ne peut dormir tellement nous sommes bringuebalés. Je vois que nous allons être juste. J'accélère encore et finalement à 9 h 45, nous traversons Bangui « à fond la caisse » et arrivons à l'aéroport de Bangui-Mpoko.

On avise notre avion sur le tarmac. Pas le temps d'effectuer les formalités de police et de douane.

On ouvre une barrière latérale et nous gagnons en Land la passerelle encore en place. D'un bon, nous grimpons à bord, le guide confie nos bagages aux bagagistes. Il est 10 h 05. L'hôtesse et le steward nous aident à nous installer après avoir obtenu l'accord du commandant.

Le guide se débrouillera avec la police de l'aéroport. À l'époque, un bon billet suffisait à arranger les choses.

Dans l'avion, tous les passagers nous regardent avec des yeux bizarres. Nous en avons compris la raison, un peu plus tard. Nous étions tout rouges, des cheveux à la pointe des chaussures, tant nous étions recouverts de poussière de la piste en latérite.

Après le décollage, nous pûmes faire une toilette, certes sommaire, mais bienvenue.

Six heures plus tard, nous débarquions à Marseille-Marignane.

Quelques mois plus tard, je reçus la visite de M. Le Turc. Il m'informa que son assistant, examinant la Land sur le tarmac à Bangui, avait constaté qu'une des rotules de direction était cassée, fêlée mais encore en place. Un miracle que nous ayons pu arriver jusqu'à Bangui.

Par la suite, j'accompagnais en safari deux bons amis chasseurs, au Tchad en 1973, avec François Delbée pour guide, en RCA avec M. Virmault, deux guides compétents et charmants, au Burkina Faso, en Namibie, avec Joof Lamprecht.

7
ENTRÉE EN DIPLOMATIE

Une quinzaine de jours après mon retour en France, en train de dispenser mes soins à un patient, mon assistante s'approche de moi et me souffle à l'oreille :

« C'est le secrétariat général de l'Élysée qui voudrait vous parler. »

Je réponds :

« C'est une blague ! »

Elle me dit :

« Ça a l'air sérieux. »

Je demande à mon patient de bien vouloir m'excuser un instant et je vais prendre le téléphone sur un combiné hors de mon cabinet.

Mon interlocuteur m'explique alors :

« Vous avez fait un voyage en Centrafrique récemment.

— Oui, répondis-je.

— Le président Pompidou souhaiterait vous rencontrer, vous serait-il possible de vous rendre à Paris ? »

Il se trouve qu'avec mon épouse, nous montions régulièrement sur Paris pour voir une pièce de théâtre, assister à un concert, rencontrer des amis.

Je réponds :

« Je serai sur Paris le week-end de la semaine prochaine, mais je suis très surpris, pourriez-vous me dire pour quelle raison le Président veut-il me rencontrer ?

— Je ne puis vous en dire plus, c'est confidentiel. Vendredi de la semaine prochaine, 17 heures, cela vous conviendrait-il ? À l'Élysée, le planton sera prévenu de votre visite et quelqu'un vous accompagnera.

— D'accord ! À 17 heures, vendredi de la semaine prochaine. »

Revenu près de mon patient, ça bouillonne dans ma tête. Je pense à un canular mais mon interlocuteur avait l'air tout ce qu'il y a de plus sérieux et comment pouvait-il avoir connaissance de ce voyage en Centrafrique ?

Je ne trouve aucune réponse à cette question et, philosophe, je me dis : « on verra bien vendredi prochain ».

Avec Michèle, nous sommes partis le jeudi soir, plus tôt que d'habitude ; je voulais être sûr d'honorer ce rendez-vous.

À l'époque nous montions toujours à Paris en voiture.

Le vendredi à 17 heures pile, je me présente au gendarme qui garde l'entrée de l'Élysée et l'informe de mon rendez-vous. Il rentre dans la petite pièce sous le porche à droite et revient quelques instants plus tard :

« On va venir vous chercher. »

En effet, moins de deux minutes après, un homme vient me chercher en me priant de l'accompagner.

Arrivé dans le grand vestibule d'entrée du palais, un huissier me prend en charge et me fait monter dans l'ascenseur qui jouxte, un peu en arrière sur la droite, le grand escalier.

Une fois au premier étage, il me conduit au bureau du Président et, après avoir frappé, me fait entrer.

Le Président Pompidou quitte le fauteuil de son bureau et s'avance souriant vers moi, la main tendue. Mon cœur bat la chamade, mais la curiosité l'emporte.

Il m'invite à m'asseoir sur un fauteuil latéral et s'assied à son tour à mes côtés. Il me remercie d'avoir accepté son invitation et, de sa voix grave, embraye aussitôt :

« Vous n'avez aucune idée de la raison pour laquelle je voulais vous voir ? »

Tout en levant les sourcils et relevant les épaules, je réponds :
« Non aucune idée mais je suis très intrigué.

— Et bien voilà, il y a quelques jours, nous avons donné un dîner en l'honneur du roi Baudouin et ce dernier était accompagné de son parent le prince de Ligne.

Lequel nous a conté ses déboires en Centrafrique et nous a vanté vos qualités en matière d'audace, d'initiative et d'efficacité. »

Flatté mais étonné, je reste silencieux, ne comprenant pas où il veut en venir.

Il poursuit :

« Je recherche un missus dominicus, qui ne soit pas du sérail diplomatique, quelqu'un de secret possédant vos qualités pour porter discrètement des messages personnels à des dirigeants étrangers. Si vous acceptez ma proposition, vous n'aurez affaire qu'à M. Jacques Foccart[33] et moi-même. Vous ne figurerez sur aucun organigramme. Vous n'existerez pas. »

Je suis sonné. Je trouve la force de répondre que je suis très pris par mon cabinet, qui marche très fort et que je n'ai pas de temps pour une autre activité.

« Rassurez-vous, ce ne seront que des missions ponctuelles, très courtes, seulement de quelques jours et peu fréquentes. »

Je réfléchis longuement et finis par lâcher :

---

33 Monsieur Afrique, secrétaire général de l'Élysée aux affaires africaines et malgaches de 1960 à 1974. Un des plus proches et plus fidèles conseillers du Général de Gaulle.

« Je veux bien tenter, mais je demande une période d'essai. Je tiens à rester bénévole, au service de mon pays mais libre.

— C'est fort bien ! Cela vous honore. Néanmoins, vos voyages et les frais attenants seront pris en charge. »

Nous échangeons ensuite quelques paroles aimables mais je trouve son visage fatigué, enflé. Je pense à un traitement aux corticoïdes, mais je ne m'attarde pas davantage là-dessus. Le mal, qui le minait, n'avait encore pas été dévoilé.

Me raccompagnant à la porte, il ajoute : « Merci d'avoir accepté, nous nous reverrons bientôt » et s'adressant à l'huissier le prie de m'accompagner auprès de M. Foccart qui me prendra en charge.

J'avais franchi le Rubicon. J'ignorais que je partais pour une vingtaine d'années de service ; les trois successeurs du président Pompidou, ayant souhaité reconduire ma fonction. Les qualités de discrétion et de respect du secret, à moi transmises par mon père, y étaient à coup sûr pour quelque chose.

8
VISITE CHEZ BOKASSA EN SON CHÂTEAU D'HARDRICOURT

Comme beaucoup de Français, j'avais trouvé le sacre impérial de Bokassa totalement ridicule et anachronique. Je ne comprenais pas que notre président, Valéry Giscard d'Estaing, ait permis et fait financer par la France cette mascarade.

Depuis 1972, j'étais retourné une fois en Centrafrique pour accompagner deux amis en safari et je n'avais plus revu Bokassa.

En 1978, quelques mois après la cérémonie du sacre, j'eus l'occasion de rencontrer l'ambassadeur de Centrafrique à Paris, le général Sylvestre Bangui. Homme affable, de culture gréco-latine, très courtois. Un courant de sympathie s'installa immédiatement entre nous. Ayant suivi les cours de l'École de l'Air de Salon de Provence, il avait rencontré une Française de Camaret-sur-Aigues, près d'Orange, qu'il avait épousé et qui lui avait donné trois garçons.

C'est donc tout naturellement que je l'invitai chez moi dans le Gard lors d'une visite à sa belle famille. À cette occasion, je le fis introniser à l'échansonnerie de Châteauneuf-du-Pape.

Le préfet de région des Bouches-du-Rhône était également honoré le même jour. Au cours du banquet qui suivit, le grand maître de l'Échansonnerie vint demander au préfet et à l'ambassadeur de prononcer quelques mots. Le préfet fut le premier à prendre la parole. Discours des plus banals. Puis ce fut le tour de Sylvestre Bangui. Discours improvisé plein de poésie, de références littéraires et provençales ; un discours plein de souffle, de sensibilité, prononcé d'un ton naturel et fluide.

Quand il eut terminé, la salle entière se leva pour l'ovationner. Nous en étions mal à l'aise pour le préfet.

Notre amitié devint très vite fraternelle et il n'hésitait pas à se confier à moi notamment quant à ses rapports avec l'empereur Bokassa 1er. Il était conscient de la situation économique catastrophique de son pays et du côté tyrannique du régime de Bokassa qu'il critiquait avec force.

Un peu d'histoire !

L'empereur, ancien d'Indochine, avait été versé dans l'armée centrafricaine au moment de l'indépendance en 1960 avec le grade de capitaine. À la suite d'un accident d'avion mortel – accident suspect –, Barthélemy Boganda, ancien député français aux côtés de Léopold Sédar Senghor et de Félix Houphet-Boigny, 1er ministre de Centrafrique, était éliminé. Peu de temps après, l'élection présidentielle mit au pouvoir David Dacko, un ancien instituteur, cousin de Bokassa. Ce dernier avait rapidement gravi les grades de l'armée naissante pour se retrouver colonel et chef d'état-major en 1966. À la fin de cette même année, avec quelques compagnons d'armes, il organisait un coup d'État et, chassant Dacko, prenait le pouvoir.

Au fil des années, il s'était successivement autoproclamé général, maréchal, puis président, puis président à vie et enfin empereur.

Mais au fil du temps aussi, il avait éliminé physiquement ses anciens compagnons d'armes. Sylvestre Bangui était le seul survivant de cette hécatombe, il connaissait la violence, la rouerie et la paranoïa de son Bokassa.

Le jeune journaliste Pierre Péan avait publié un petit opuscule « Bokassa 1er » en janvier 1977 illustrant la violence et les méthodes du maître de la Centrafrique. L'alcoolisme, au Chivas, n'arrangeait rien.

Sylvestre était donc sur ses gardes mais peu de temps après que je l'eus connu, le nouvel empereur se faisait insistant pour le faire rentrer à Bangui pour « consultation ».

Nombre de ses amis, soit avaient été emprisonnés soit, le plus souvent, avaient disparu. Je décide de le prendre sous ma coupe et de tout faire pour le protéger.

Début 1978, je m'arrange pour me faire confier une mission auprès de Bokassa. Il séjourne à ce moment-là en France. Accompagné de Sylvestre, un beau matin, je m'en vais rencontrer l'empereur qui m'attend en son château d'Hardricourt près de Meulan, dans les Yvelines.

À peine sortis de voiture, le voilà sur le perron qui nous accueille. Il me fait pénétrer dans son grand salon, suivi de son ambassadeur.

Comme au Camp de Roux, mêmes meubles de style Louis XV, totalement dorés. Fauteuils, canapés, en surnombre, installés dans tous les sens, c'est d'un goût ! Son fils aîné, Georges, nous rejoint. Il nous fait asseoir et demande à son fils de nous faire servir un whisky. Il me reconnaît, prend de mes nouvelles, se montre vraiment très cordial avec moi mais semble ne faire aucun cas de son ambassadeur. En costume gris clair avec gilet, je remarque une grosse bague à son doigt, surmontée d'un énorme diamant brut non taillé. Il a un peu vieilli, mais bon !

Quelques semaines avant, est sorti sur les écrans un film, inspiré du roman de Georges Conchon : *L'État sauvage*.
Un film accablant pour le gouvernement du pays où est censée se dérouler l'action. La presse se partage entre l'Ouganda d'Idi Amin Dada et la Centrafrique de Bokassa.

Ce dernier se sent un peu dans le viseur et les actions criminelles dénoncées dans ce film ne laissent de l'inquiéter. Ça tombe bien ! Le message à délivrer a trait à ce sujet. Notre président Giscard d'Estaing, qui commence à prendre ses distances, souhaiterait que son « cher cousin » se fasse plus discret, notamment lors de ses pérégrinations en France et surtout dans sa manière de gérer son pays. La violence, le crime et la corruption, organisés au plus haut niveau de l'état, ne sont pas acceptables.

La France n'entend pas couvrir de tels agissements, d'autant plus qu'avec le couronnement il s'est mis dans la lumière médiatique.

J'en profite pour lancer l'estocade :
« Il n'y a que trois empereurs au monde, Hiro Hito au Japon, le Shah d'Iran et vous-même. Il serait dommage de ternir votre image. »

Durant toute la conversation, pour bien marquer mon amitié avec Sylvestre, je n'ai cessé de le prendre à témoin, de le mettre en valeur pour sa culture, sa loyauté, son humanisme, précisant que c'était un ambassadeur fort apprécié du Président.

Mission accomplie ! Nous pouvons prendre congé et rentrer sur Paris.

Sylvestre est protégé… du moins pour un temps.

9
VISITE CHEZ BOKASSA EN SON CHÂTEAU DE VILLEMORANT

Quelques mois plus tard, en août, Bokassa en vacances en France, réside en son château de Villemorant, près de Neung-sur-Beuvron en Sologne. Le président Giscard d'Estaing, ayant pris quelques distances, ne l'a pas invité à dîner à l'Élysée comme c'était le cas habituellement, chaque année.

Je suis chargé de le rencontrer pour lui « conseiller » d'être moins voyant et moins excentrique dans ses déplacements. Plus de pourboires de 500 francs aux pompistes qui font le plein d'essence de sa voiture, plus d'extravagances qui alimentent les gazettes locales.
Discrétion ! Discrétion !

Je prends rendez-vous et, par un bel après-midi d'été, me rends au château de Villemorant accompagné de l'ambassadeur Bangui.

Une femme au physique agréable nous reçoit et nous introduit dans le grand salon. Comme dans chaque résidence impériale, mêmes fauteuils et canapés dorés de style Louis XV et agencement toujours désordonné.

L'œil est attiré par un immense tableau du maître des lieux le représentant, en pied, en habit impérial. Ce tableau, entièrement réalisé avec des plumes d'oiseaux, occupe tout un pan de mur, du sol au plafond.

Affalés dans des fauteuils, quatre ou cinq hommes. Je reconnais Ange Patassé le premier ministre qui se lève et vient nous saluer, les autres sont probablement des ministres. C'est habituel, tout ce petit monde attend des heures entières que l'empereur daigne se montrer et donner ses ordres.

Il faut être sérieusement patient – mais les Africains le sont – pour passer ainsi sa vie à attendre le maître.

La charmante personne qui nous a ouvert – j'apprendrai que c'est l'épouse libanaise de Georges le fils aîné – nous invite à nous asseoir et se dirige vers une porte au fond du salon. Elle va m'annoncer à Bokassa.

Quelques instants plus tard, la porte s'ouvre, laissant apparaître l'empereur qui se dirige droit vers nous. Tout le monde se lève, je lui tends la main.

Il me faut ici préciser que je ne me suis jamais plié au protocole imposé depuis le sacre : première courbette à dix pas suivie d'une seconde plus proche avec des « Majesté » plein la bouche.

Il prend ma main, la serre chaleureusement et de sa petite voix haut perchée :

« Soyez le bienvenu, docteur, comment allez-vous ?
— Fort bien, merci, heureux de vous retrouver. »

Il ignore totalement son ambassadeur qui ne dit mot et m'invite à le suivre dans son bureau par la même porte qu'il avait empruntée quelques instants auparavant. La pièce est relativement modeste avec un bureau directoire et trois fauteuils installés devant le bureau.

Mon hôte m'invite à m'asseoir, entame la conversation avec les banalités d'usage et finit par me demander ce qui m'amène. Avec moult précautions, je distille par bribes, avec l'air de ne pas y toucher, les « conseils » que je suis chargé de transmettre. Je mets l'accent sur le fait, qu'en ces temps difficiles, les Français ont peu apprécié ce couronnement payé par leurs impôts. Le président Giscard en est tenu pour responsable. Mieux vaut se faire oublier et n'en point rajouter.

Il me reçoit cinq sur cinq et m'assure qu'il comprend bien la situation, qu'il va en tenir compte, qu'il va annuler son séjour dans sa villa sur la Côte d'Azur.

Je l'en remercie et lui fais remarquer que sa coopération sera appréciée. Nous abordons ensuite le problème de la situation économique difficile en Centrafrique. Il m'annonce qu'il va changer de Premier ministre, remplacer Ange Patassé par Henri Maïdou. Nous parlons ensuite de choses et d'autres, de la Sologne, de sa ferme voisine etc.. puis brusquement il me lance :

« J'aimerais vous garder à dîner ce soir. Vous dormirez ici au château, vous n'allez pas reprendre la route si tard ! »

Difficile de refuser l'invitation. J'accepte donc. Nous repassons dans le grand salon. Affable, il me présente chacun de ses ministres, tous très obséquieux, sauf Patassé qui se met en retrait. Enfin, il semble découvrir la présence de Sylvestre son ambassadeur, et s'adressant à lui :

« Je suis satisfait de vous. Vous nous avez bien aidés pour la préparation du couronnement, votre coopération avec les fournisseurs et le gouvernement français a été exemplaire. Toutefois, je vous l'ai déjà dit, il vous faut bientôt rentrer au pays pour consultation. »

Sylvestre, un peu inquiet, acquiesça d'un mouvement de tête. Ensuite Bokassa m'invita à faire un tour dans le parc. Au retour, il me montra ses voitures garées dans un bâtiment. Mercedes, Jaguar et autres marques prestigieuses étaient bien représentées.

En partant pour la promenade, j'avais glissé à l'oreille de Sylvestre de dormir à l'hôtel à Neung-sur-Beuvron et de venir me prendre le lendemain matin à 8 heures au bas du perron du château.

En effet, je ne voulais pas m'attarder davantage à Villemorant, prétextant des affaires urgentes à Paris.

À l'heure du dîner, plus personne dans le salon. Bokassa m'invite à entrer dans la salle à manger. Sa belle-fille, son fils Georges et un autre fils étudiant au Canada sont déjà là. Il s'installe en bout de table et me met à sa droite. Le dîner est fort simple mais très correct. Je me souviens d'une salade de tomates en entrée, mais ma mémoire me fait défaut pour la suite. Un bon vin de Bordeaux accompagnait les mets.

À un moment, un homme frappe à la porte, portant un attaché-case de chez Cartier. L'intrus lui demande de l'argent, je ne sais plus pour quelle raison. Il fit le code pour ouvrir l'attaché-case. Celui-ci était plein de liasses de billets de 500 francs. Il sortit quelques billets et j'ai détourné le regard ne voulant pas être indiscret.

Au cours du repas, je me hasardai à lui demander :

« Comment se fait-il que le président Giscard vous ait laissé vous engager dans cette idée de couronnement impérial ? Je vous avoue que je ne comprends toujours pas.

— Je vais vous dire, docteur, quand je lui ai parlé de ce projet, je m'attendais à un refus catégorique et quelle n'a pas été ma surprise lorsqu'il m'a dit de faire comme je l'entendais, précisant que mon pays était souverain. Mais au fond de moi, vous savez, je ne prends pas ça très au sérieux » ajouta-t-il en riant.

Souverain certes, mais c'est la France qui réglait l'addition de 14 millions de francs.

Le repas fut très cordial, je découvrais un Bokassa malin, rusé, non sans humour, sans grande culture mais intelligent.

Le dîner terminé, il me fit visiter le premier étage ; chambre de l'impératrice, deux salles de bains, et puis sa chambre. Il se dirigea vers un coffret, installé sur une commode, dont il sortit, très fier, un sabre d'apparat, orné de pierreries, le sabre impérial.

Puis il me fit accompagner par sa belle fille jusqu'à ma chambre au 2e étage. Après une bonne nuit de sommeil, je filai à l'anglaise. Sylvestre m'attendait à 8 heures au bas du perron et nous fonçâmes vers Paris.

10
L'ÉCHANSONNERIE DES PAPES À BANGUI

De retour de Villemorant vers Paris, Sylvestre se montra anxieux.

« Tu comprends, me dit-il, cela fait des mois que Bokassa me demande de rentrer au pays et, à présent, il se fait de plus en plus pressant. Il me faudra retourner à Bangui, mais je suis le "dernier des Mohicans" , j'ai peur pour ma vie ou pour le mieux, d'être envoyé en N'Garaba. »

Pour ceux qui ne connaissent pas la Centrafrique, N'Garaba est une prison, située à quelques kilomètres de Bangui, mais une prison innommable, une prison où l'on torture, où on laisse mourir des prisonniers de faim et de soif dans des conditions insalubres et inhumaines, sans hygiène, une prison où l'on tue sans autre forme de procès, une prison « bien gérée » par M. Sacher, un suisse à la solde de l'empereur.

Pierre Péan en avait esquissé une description dans son livre *Bokassa 1er*.

J'avais du mal à imaginer Bokassa, si aimable et si courtois avec moi en tyran sanguinaire. Mais j'avais toute confiance en Sylvestre et ne pouvais le mettre en doute.

Tout en roulant vers Paris, je réfléchissais à ce problème quand, soudain, me vint à l'esprit une idée géniale.

« Et si nous organisions un chapitre extraordinaire de l'échansonnerie des Papes à Bangui pour introniser Bokassa ? »

Sylvestre me regarde avec étonnement. Ses yeux exorbités semblent dire : « J'y crois pas ».

Je poursuis :

« Il te faut convaincre l'empereur que l'Échansonnerie des Papes serait honorée de se déplacer pour l'introniser sur place – ce qu'elle n'a jamais fait – avec tout son faste, ses robes d'apparat, ses pages en haut et bas de chausses médiévaux. Il faut le convaincre de mettre sa Caravelle à disposition pour transporter une cinquantaine de personnes.

Nous remplirons la soute de vin de Châteauneuf. Si ça marche, je serai près de toi, ne te quitterai pas d'une semelle et te promets que je ne repartirai pas de Bangui sans toi. Bokassa n'osera pas te toucher si telle était son intention. »

Sylvestre, comme soulagé, donne son accord.

À lui de convaincre Bokassa, toujours avide d'honneurs. À moi d'organiser l'escapade châteauneuvoise.

Peu de temps après, l'affaire est bouclée.

L'empereur est flatté d'être à nouveau honoré avec faste dans son pays et les Châteauneuvois sont ravis de faire un tel voyage d'une semaine en Afrique, tous frais payés. La date est fixée du 25 décembre 1978 au 1er janvier 1979.

Le 25 décembre au matin, la Caravelle impériale nous attend sur le tarmac de l'aéroport de Marignane. Elle embarque cinquante-quatre passagers et quatre tonnes de cartons de vin de Châteauneuf-du-Pape.

Les échansons de Châteauneuf embarquent pour Bangui à bord de la caravelle impériale.

Dans l'avion – de gauche à droite : Sylvestre Bangui, Michèle et Bernard de Montrion. Au second plan, M. Coulomb, grand maître de l'échansonnerie.

Après une escale à Djerba, nous atterrissons à Bangui-Mpoko en fin d'après-midi. Un accueil VIP nous est réservé en bas de la passerelle.

Colliers de fleurs à chacun, musiques et danses folkloriques.

On nous dirige vers le Sofitel, le meilleur hôtel de Bangui sur les bords du fleuve Oubangui, où l'on nous installe confortablement. On nous informe que l'empereur vient de perdre son frère dans un accident de voiture et qu'il va prendre le deuil pour quelques jours.

Un car est mis à notre disposition.

Les jours suivants sont consacrés à la visite du pays. Chutes de Boali, usine hydroélectrique, villages de Pygmées, plantations de café etc.

Nous sommes convenus, avec les émissaires du chef de l'État, de procéder à la cérémonie d'intronisation le 31 décembre laquelle sera suivie d'un repas de gala et de réveillon, car la Caravelle doit nous ramener à Marseille le lendemain 1er janvier.

La cérémonie doit se tenir au palais de la Renaissance.

Dans l'après-midi du 31 décembre, l'empereur m'invite à le rencontrer dans un petit salon du palais. David Dacko, rentré en grâce, est présent. Durant une demi-heure nous échangeons des banalités. Puis il me propose de me remettre la médaille d'officier dans l'ordre du mérite centrafricain, offre que je décline en prétextant n'avoir jamais accepté aucune décoration. Ce qui est vrai.

Vingt et un ans plus tard, exceptionnellement, j'accepterai de recevoir la médaille de Ravensbrück.

Toutefois Bokassa s'inquiète de l'état d'esprit de Valéry Giscard d'Estaing à son égard; je le rassure tout en lui rappelant les conseils de discrétion et de meilleure gestion des fonds de la coopération, attribués à son pays par la France.

Nous gagnons alors la salle de cinéma du palais afin que je lui présente tous ses invités.

Sylvestre attend dans la salle avec tous les autres. Dans une ambiance détendue, je présente donc chacun des participants en y mettant une touche d'humour, ce qui amuse l'assemblée.

Puis en soirée, une cinquantaine d'échansons, en robe d'apparat, tient un chapitre extraordinaire en l'honneur de l'empereur. Je dois reconnaître que cela avait « de la gueule ».

Intronisation à Bangui de l'empereur Bokassa 1er.

La cérémonie est immédiatement suivie du dîner de gala offert par Bokassa en présence de tous les membres du gouvernement et de tous les notables de Bangui.

À la table d'honneur, nous sommes placés Michèle et moi à côté de l'empereur et du premier ministre Henri Maïdou. Sylvestre, le grand maître de l'échansonnerie, et d'autres ministres sont à notre table tandis qu'un orchestre joue des rythmes africains et chante les louanges de Bokassa 1er.

Abstraction faite des paroles de ces chansons, les rythmes sont très agréables.

Les jeunes serveurs, pages « en chausses », ont un tel succès que Bokassa, séduit, me demande si l'on ne pourrait pas lui laisser ces tenues médiévales ?

J'en réfère au grand maître qui me donne son accord, en fais part à Bokassa qui se montre réjoui de ce cadeau.

Magnifique soirée de réveillon, tout le monde est ravi. On se sépare de nos amis centrafricains. En partant, l'empereur passe en revue une section de sa garde impériale, en grand uniforme napoléonien, venue lui rendre les honneurs.

Dans quelques heures, il nous faudra embarquer à bord de la Caravelle pour Marseille, et Sylvestre sera à mes côtés.

L'année 1979 semble très bien s'annoncer pour l'empire centrafricain.

Comment aurions-nous pu imaginer que, moins d'un mois plus tard, le triste épisode du massacre d'enfants allait provoquer la chute du régime ?

11
LA CHUTE DE BOKASSA

Quelque temps après son retour à l'ambassade, à Paris, Sylvestre Bangui reçoit des Centrafricains qui lui font un compte rendu sinistre des massacres d'enfants, perpétrés à Bangui en janvier et avril 1979.

Après avoir pris le temps de s'assurer du bien-fondé de ces accusations, il décide le 22 mai 1979 – en plein sommet franco-africain de Kigali – de donner une conférence de presse stigmatisant ces crimes par une déclaration « à la Zola » et en profite pour donner sa démission de son poste d'ambassadeur et de l'armée, en rendant son grade de général.

Le général Sylvestre Bangui, ambassadeur de Centrafrique

C'est un véritable coup de tonnerre.

Gérard Saint-Paul, journaliste de renom, couvre l'événement.

La conférence terminée, il embarque Sylvestre Bangui et l'amène à la Maison de la Radio où Yves Mourousi s'apprête à commencer son journal télévisé de 13 heures sur TF1.

L'invité du jour n'est autre que Jacques Chirac, déjà installé devant son micro. C'est alors que Sylvestre est littéralement propulsé sur le plateau et Mourousi, chamboulant complètement son ordre du jour, questionne l'ambassadeur Bangui sur le massacre des enfants, sur le régime Bokassa etc.

La totalité du temps dévolu au journal télévisé est consacrée à la situation centrafricaine, si bien que Mourousi, pris de court, présente ses excuses à Jacques Chirac, resté abandonné dans son coin. Heureusement Sylvestre et Chirac se connaissent bien et ce dernier, compréhensif et grand seigneur, conclut en souhaitant bon courage et bonne chance au général Bangui.

À Kigali, c'est aussi un coup de tonnerre. Les chefs d'État africains et Valéry Giscard d'Estaing prennent immédiatement leurs distances avec Bokassa qui ne semble pas encore mesurer la portée de l'évènement. Le jour même Sylvestre me demande de venir le rejoindre. Je dois le retrouver pour déjeuner le lendemain 23 mai à la résidence de l'ambassadeur au Vésinet.

C'est une belle maison bourgeoise avec un joli parc.

Arrivé sur place, son épouse Marlène m'introduit dans la salle à manger où Sylvestre, Kimoto – médecin, futur ministre – et une autre personne que je ne connais pas m'attendent.

On me présente Pierre Péan, jeune journaliste d'investigation. Au cours du repas, la conversation, bien sûr, tourne autour des conséquences de ces accusations et en corollaire, du devenir du régime impérial centrafricain.

Je découvre un Pierre Péan, agréable, intelligent, vif, excellent analyste, très « pince-sans-rire ».

Le courant passe immédiatement entre nous.

Sylvestre veut mener le combat et décide de créer un mouvement, le front de libération des Oubanguiens – FLO –, pour mener la lutte contre le régime impérial et installer la démocratie. Son modèle : Léopold Sédar Senghor.

Nous ne pouvons que l'approuver et lui donnons quelques conseils.

Le repas terminé, Marlène nous fait passer au salon pour nous servir le café.
Cette pièce dispose d'une immense baie vitrée donnant sur le parc.

Pierre Péan, motard, y a stationné sa moto. Le café bu, on décide de se séparer. C'est alors que je vois M. Péan, son casque sous le bras, foncer droit sur la baie vitrée qui se brise. Il tombe groggy, le visage en sang. Heureusement rien de grave, des coupures dues au verre de la vitre cassée et l'épiderme ouvert sur toute la longueur du nez.
Une fois réconforté, je lui ai posé quelques points de suture et il put repartir à moto un peu plus tard.

Les jours suivants, de nombreux Centrafricains rejoignent Sylvestre et adhèrent au FLO. Mais ce dernier n'a pas de moyens financiers et ne dispose d'aucune salle pour réunir ses partisans.

Heureusement, mon frère aîné Michel, président de la FNAIM[34] d'Île-de-France, dispose d'une grande salle au siège, avenue de Villiers. Pour m'être agréable, il consent à mettre cette salle ponctuellement à la disposition de M. Bangui.

Parallèlement un commissaire des RG (renseignements généraux) , Patrick Rougelet, est chargé de veiller à la sécurité de l'ex ambassadeur et probablement aussi de renseigner ses services sur les activités de celui-ci.

Peu de temps après, notre commissaire est accompagné d'un militaire, le commandant Jacques Gardien. Ces deux hommes, tout en accomplissant leur mission, tissent des liens d'amitié avec Sylvestre et moi-même.

Un troisième homme vient bientôt se joindre à eux, le commandant Henri Paris. Jacques Gardien finira sa carrière avec le grade de colonel et Henri Paris avec le grade de général de division, conseiller de Pierre Mauroy, Jean-Pierre Chevènement et Pierre Joxe.

Nous nous rencontrions tous les cinq ensemble au moins une fois par semaine. Ils étaient sincèrement prêts à nous aider mais nous n'étions pas dupes. Chacun en référait à sa chapelle.

Patrick Rougelet inondait de notes « blanches » Raymond Cham, le patron des RG; Jacques Gardien renseignait le SDECE – renseignement extérieur – et

34 Fédération nationale des agents immobiliers

Henri Paris, l'élection présidentielle de 1981 approchant, renseignait le parti socialiste.

Ils ignoraient que nous savions à qui nous avions affaire car j'étais, moi aussi, bien renseigné.

Le FLO obtenait un large soutien en Centrafrique et auprès des ressortissants centrafricains en France, mais le palais de l'Élysée restait silencieux.

À la recherche d'un appui africain solide, avec Sylvestre, nous rencontrons fin juillet le Président Senghor à Paris, à l'ambassade du Sénégal.

Son aide nous était acquise.

Puis fin août 1979, nous étions reçus par M. Louis Pineaar, ambassadeur d'Afrique du Sud à Paris.

Précisons que l'Afrique du Sud avait de gros intérêts en Centrafrique et apportait une aide importante au titre de la coopération. Il faut dire aussi que devant le silence de Giscard d'Estaing, malgré les nombreux mémoires qu'on lui avait transmis, sous la pression d'une majorité de Centrafricains, nous avions décidé une action militaire à Bangui.

Il fallait donc des armes. L'ambassadeur Pineaar nous fit un excellent accueil ; d'ailleurs j'allais personnellement tisser des liens d'amitié avec lui.

Pour accéder à notre requête, il devait en référer à son gouvernement mais il nous assura de son soutien personnel.

À l'issue de cette entrevue, Rougelet et Gardien nous attendaient. On leur dit qu'a priori c'était favorable.

Et là, tout s'est précipité. Nous ignorions que Giscard avait approché Alexandre de Marenches, le patron du SDECE et que celui-ci avait des amis Galin-Douat, Hacène et Bernard Ayandho administrateurs civils à Matignon, roulant pour David Dacko.

De Marenches avait donc amené le président Giscard à porter son choix sur l'ancien président déchu.

Rougelet et Gardien avaient bien sûr rendu compte à leur hiérarchie de nos démarches fructueuses auprès du Sénégal et de l'Afrique du Sud.

Embarrassé, Giscard avait décidé de prendre l'avis du sage Senghor. Il se rendit donc chez ce dernier à Verson, près de Caen, qui lui dit tout le bien qu'il pensait de Sylvestre Bangui. Malgré ce, Alexandre de Marenches, faisant le « forcing », emporta l'adhésion du président français pour précipiter les choses et nous coiffer sur le poteau.

D'autant plus qu'entre-temps, le 11 septembre 1979 Sylvestre Bangui avait présenté, dans les salons du Sheraton de Montparnasse, le Gouvernement provisoire d'union nationale en exil. Votre serviteur se voyant attribuer le titre de Conseiller auprès du chef du gouvernement.

L'opération « Barracuda » fut alors mise sur pied et le 21 septembre 1979, les troupes françaises occupaient Bangui avec dans leurs bagages David Dacko, réinstallé immédiatement chef de l'État, prenant pour premier ministre Bernard Ayandho et ministre de l'intérieur Galin-Douat.

Bokassa, en déplacement en Libye chez Kadhafi, apprenant le coup d'État voulut se réfugier en France. Son avion fut assigné à atterrir sur la base aérienne 105 d'Évreux et resta bloqué sur le tarmac pendant trois jours.

Giscard, ne tenant pas à avoir de complications avec l'ex-empereur, en accord avec Houphouet Boigny, réexpédia la Caravelle impériale en Côte d'Ivoire.

Le 21 septembre, dans l'après-midi, je reçois un coup de fil de Pierre Péan.

Il me propose deux sièges dans l'avion privé qui doit l'amener à Bangui pour faire un reportage sur place.

L'un pour Sylvestre et l'autre pour moi. Je le remercie mais lui propose de laisser mon siège à Gérard Kimoto qui, sur place, sera plus utile à Sylvestre. Je m'arrangerai pour rejoindre Bangui dans les quarante-huit heures.

Péan est d'accord et vient prendre Sylvestre et Kimoto vers 21 heures à la porte d'Orléans, au pied de la statue du maréchal Leclerc.

Dès leur arrivée à Bangui, ils rencontrent David Dacko et acceptent de participer au nouveau gouvernement. Sylvestre en tant que 1er vice-Premier ministre chargé des affaires étrangères et Kimoto en tant que ministre de la santé.

Mais entre-temps, tandis que Bangui, Kimoto et Péan volaient vers le Centrafrique, un appel téléphonique me fait sauter du lit.

Un certain commissaire divisionnaire Jean Orluc, que je ne connais pas encore, cherche un renseignement. Après m'être assuré de l'authenticité de cet homme, je lui demande ce qu'il recherche.

Il voudrait savoir où habite Ange Patassé, ancien Premier ministre de Centrafrique, devenu opposant au régime.

La France craint qu'il ne rentre à Bangui et provoque des troubles avec ses partisans. Je lui indique la commune de banlieue parisienne où il séjourne, mais n'en sais pas plus. Par la suite, j'apprendrai que la police, l'ayant situé, contrôla son véhicule au sortir de sa demeure, et le verbalisa pour des problèmes de rétroviseur et de pneus lisses.

Tout cela, afin de le retarder et qu'il ne puisse prendre l'avion régulier pour Bangui comme il l'avait prévu.

Arrivant, malgré ce, à l'aéroport avant le décollage de l'avion, il fut fouillé au moment d'embarquer et, ayant sur lui un pistolet 7,65 mm, fut conduit dans les locaux de la police des frontières qui le « bloqua » jusqu'à ce que l'avion ait décollé.

Le lendemain, je m'embarque à mon tour pour la Centrafrique. Mes amis m'accueillent et m'accompagnent sans attendre au palais de la Renaissance où m'attend David Dacko.

Il me reçoit chaleureusement et me remercie pour mon aide au rétablissement d'un régime démocratique.

Pour m'exprimer sa gratitude, il me propose d'accéder à la citoyenneté centrafricaine en m'offrant la nationalité, par décret présidentiel.

J'accepte volontiers et, peu de temps après, ce sera chose faite. J'aurai donc la double nationalité.

Dès le 21 septembre, à l'annonce de la chute de Bokassa, des troubles sont survenus à Bangui, avec notamment des pillages, des sabotages de manufactures etc.

Les demeures de Bokassa furent les premières exposées. Hormis le palais de Berengo, à 80 km de la capitale, occupé et vidé de ses archives et de ses diamants par les services secrets français, la villa Kolongo, où était installée « la Roumaine », une concubine de l'empereur, fut la première visée.

Par curiosité, je m'y rends. Dès le portail franchi, sur la droite, un petit enclos d'une vingtaine de mètres carrés dans lequel étaient parqués des lions, sur la gauche, un grand bassin avec sa plage : le bassin aux crocodiles.

Il n'y avait plus ni lions, ni crocodiles mais la légende laissait entendre qu'il arrivait à Bokassa de confier certains de ses opposants à la caresse des crocs de ces gentils animaux.

Le sol de la villa était jonché de pellicules photos – il collectionnait les appareils – et nous pataugions dans l'eau, les conduites ayant été arrachées par les pilleurs. À quelques mètres de la grande salle, la chambre à coucher donnant sur une petite piscine, isolée par un mur. Au milieu de la chambre, un lit rond équipé de nombreux boutons électriques permettant d'orienter le lit dans tous les sens.

En face, les garages où deux Mercedes 600 semblaient avoir été abandonnées.

Cette visite surréaliste illustrait bien la fin du régime impérial. Cependant, Bokassa n'avait pas fini de faire parler de lui.

12
ÉLECTIONS PRÉSIDENTIELLES DE 1981

Débarrassé de Bokassa, Giscard se croit tranquille pour aborder la campagne électorale. Las ! C'était sans compter sur le désir de vengeance de l'ex-empereur, désir parfaitement exploité par le parti socialiste. Roland Dumas est à la manœuvre. Il n'hésite pas à se rendre en Côte d'Ivoire pour rencontrer le monarque exilé et, comme par hasard, le 10 octobre 1979, le *Canard enchaîné* sort l'affaire des diamants.

Avec Patrick Rougelet, nous comprenons immédiatement le danger pour Giscard.

Il ne fait guère de doutes pour nous que, d'abord le mépris hautain puis la négation totale, affichés par l'Élysée ne relèvent pas d'une bonne stratégie. Informé des pratiques centrafricaines en ce domaine, je n'ai aucun doute sur les faits. Il faut proposer une parade au Président.

En novembre, nous sommes invités à déjeuner, Rougelet et moi, par Xavier de la Fournière, agent de change de M. et Mme Giscard d'Estaing à la Bourse de Paris ; en un mot, il gère leurs actifs boursiers.

Agissant de sa propre initiative, il nous demande ce que nous pourrions faire pour « blanchir » Giscard d'Estaing. Nous lui proposons de faire établir de vrais faux documents émanant du Centre National du Diamant (C.N.D.) à Bangui et de faire intervenir le ministre des affaires étrangères lui-même, Sylvestre Bangui, par une déclaration à la presse française.

La Fournière rencontre fréquemment et librement Giscard.

Dès le lendemain, il demande audience au Président, qui le reçoit, et lui expose nos propositions. Hélas ! Celui-ci se drape d'un manteau de vertu et feignant l'offensé, refuse d'aller plus loin dans la discussion.

La Fournière nous informe du résultat négatif de sa démarche. Dès lors, nous avons compris que Giscard d'Estaing était perdu.

Rougelet, Gardien et moi-même restions en contact étroit. Quant à Henri Paris, il militait déjà activement pour le candidat socialiste.

Au fil du temps et de ses passages à la télévision, le Président ne cessait de s'enferrer davantage ; d'abord dans le déni puis en minimisant – diamants de pacotille d'une valeur totale de 44 000 francs – au point de n'être plus crédible et d'être une proie facile pour les humoristes.

Comprenant que la situation devenait désespérée, il me fit passer un message : il souhaitait rencontrer Sylvestre Bangui.

Quelques jours plus tard, ce dernier effectuait un voyage à Paris et était reçu à l'Élysée, en catimini un soir à 18 heures.

Le président a une position ambiguë. Tout en s'estimant être victime de calomnies, il lui demande ce qu'il pourrait faire pour le dédouaner. Le soir même, le ministre centrafricain des affaires étrangères fait une déclaration à la presse, expliquant qu'il était habituel que Bokassa commande des diamants au C.N.D. pour des personnalités, mais qu'il en gardait la plus grande partie pour lui-même. Cette déclaration, trop tardive n'a vraiment convaincu personne. Surtout pas les vieux caciques du gaullisme.

Le 6 février 1980, une nouvelle pourtant très importante est passée quasiment sous silence par la presse. La mort de René Journiac.

Dès le début de son mandat, Giscard avait écarté le grand spécialiste de l'Afrique Jacques Foccart, le jugeant trop gaulliste. Ce dernier fut remplacé par son adjoint René Journiac, lequel devint son homme de confiance.

Journiac, en 1979, avait déjà subi la colère de Bokassa lorsqu'il était allé lui demander d'abdiquer et de confier la régence à son fils aîné Georges, après la révélation des massacres d'enfants. Cela lui avait valu une belle correction : coups de canne, gifle.

Cette fois-ci, en février 1980, il devait rencontrer le président du Cameroun Ahmadou Ahidjo. Pour ce faire, il allait prendre un avion, appartenant à Omar Bongo, président du Gabon, à Libreville pour rencontrer le président Camerounais à N'Gaoundere au nord du Cameroun. Pourquoi choisir cette ville au nord du pays alors que la capitale Yaoundé se situait à mi-chemin ?

Pourquoi obliger le président Ahidjo à se rendre au nord de son pays ?

Cela reste un mystère. Toujours est-il que l'avion de Journiac, en approche de la piste de N'Gaoundere pour atterrir, explosa en vol. Aucun survivant. Trois thèses s'affrontent :

- La 1re, l'officielle : il s'agit d'un accident.
- La 2e, la plus admise : une bombe à retardement aurait été posée dans l'appareil.
- La 3e, d'après le rapport des services secrets allemands : l'appareil a été frappé par un missile sol-air, tiré à partir de la brousse, aux abords de la piste.

Compte tenu des relations dégradées entre Giscard et Journiac – jalousie ? Perte de confiance ? – les deuxième et troisième thèses semblent plausibles. Personnellement, j'ai pu avec Jacques Gardien, consulter le rapport des services secrets allemands qui donnent du crédit à la troisième thèse.

En pleine affaire des diamants, il aurait pu paraître judicieux d'éliminer un témoin d'affaires trop intimes dont on n'était plus sûr du silence.

On ne peut que constater que, sous la présidence giscardienne, les assassinats d'hommes politiques font flores : Jean de Broglie, le 24 décembre 1976, Robert Boulin, le 30 octobre 1979, Joseph Fontanet le 1er février 1980, et des doutes sur René Journiac le 6 février 1980, Xavier de La Fournière, alors en prison, le 14 mars 1980. Ce qui fit déclarer par le sénateur Pierre Marcilhacy :

« On meurt beaucoup trop sous la Ve République. »

Courant janvier 1981, je suis invité à prendre le petit-déjeuner au domicile du général Pierre-Marie Gallois dans le 8e arrondissement.

Le général est le père de la dissuasion nucléaire, très proche de feu le Général de Gaulle.

Un membre éminent du RPR.[35]

Le commissaire Patrick Rougelet et le commandant Gardien m'accompagnent. Avec le général, nous effectuons un tour d'horizon sur la façon dont la prochaine élection présidentielle se présente. Il écarte d'emblée une éventuelle candidature de Chaban-Delmas estimant ce dernier, fantaisiste, peu travailleur, peu fiable et trop « fumiste ».

---

35 Rassemblement pour la république. Parti gaulliste

Il ne voit donc, comme candidat du RPR que Jacques Chirac. Mais surtout, il exècre Valéry Giscard d'Estaing. Pour lui, tout sauf Giscard, qui a trahi de Gaulle et qui s'est compromis dans les affaires centrafricaines. À ce sujet, il m'interroge longuement. Voulant savoir dans quelles conditions se déroulaient ces safaris, quels étaient ses rapports privés avec Bokassa, s'il était pieds et poings liés par ce dernier.

J'explique, et ce n'était pas un secret bien gardé, que Bokassa assurait « le repos du chasseur » en mettant à la disposition de son hôte de jeunes, voire très jeunes centrafricaines mais pas que…

Mais, il se disait que le chef d'État centrafricain, rusé et toujours méfiant, gardait des preuves photographiques. De plus l'impératrice étant fort au goût de Giscard, Bokassa se montrait très complaisant ; à Paris, René Journiac jouait parfois le rôle de chambellan, lui-même pas insensible aux charmes de Madame Bokassa.

Au moment de nous quitter, le général Gallois me dit :
« Il faut que vous rencontriez Jacques Chirac.
— Ce sera avec plaisir » répondis-je.

Quelques jours plus tard, je reçois un coup de fil de la rue de Lille (siège du RPR). Chirac souhaite me rencontrer et me propose un rendez-vous pour le 7 février 1981 à 11 heures.
Je donne mon accord et, le jour dit, me rends rue de Lille.

Je suis reçu par Jacques Kosciusko-Morizet, ancien ambassadeur du général de Gaulle à Washington, qui m'introduit dans un petit salon et m'invite à m'asseoir. Quelques secondes plus tard, Jacques Chirac nous rejoint. Toujours cordial et chaleureux, il attaque d'emblée :

« Sur les conseils du général Gallois, j'ai souhaité vous rencontrer. Merci d'avoir accepté.

— C'est avec grand plaisir. En quoi puis-je vous être utile ? » lui dis-je.

Il me répond :

« Les élections présidentielles approchent. Je sais que vous êtes au cœur et au fait de l'affaire des diamants. J'ai besoin de savoir ce qu'il en est. »

Je lui explique ce que je sais de sources sûres. Le chantage exercé par Bokassa sur Giscard – l'affaire Roger Delpey en est une illustration –.

Giscard a manqué de prudence et a fait preuve de laxisme dans son comportement face à son « cher cousin » si rusé.

Je précise l'action de Roland Dumas auprès de Bokassa. Kosciusko-Morizet se montre alors très curieux sur la manière dont se déroulaient les safaris du président, les soirées de chasse en brousse, les rumeurs courant sur les jeunes centrafricaines, sur l'impératrice etc.

Au bout d'une heure d'entretien, Chirac se lève et nous dit :

« C'en est trop ! Bon ! Ma décision est prise. Demain j'annoncerai ma candidature. »

Ils me raccompagnent tous deux à la porte en me remerciant avec chaleur.

Je rejoins Rougelet et Gardien qui m'attendent au bistrot voisin et le lendemain la presse titre « Jacques Chirac candidat ».

Le 10 mai 1981 François Mitterrand est élu. J'ai alors pensé à ce que le général Gallois nous avait dit :
« Tout sauf Giscard. »

Entre les deux tours de l'élection, Chirac et Mitterrand ne s'étaient-ils point rencontrés ? N'avaient-ils point déjeuné secrètement ensemble ?

À la fin de l'année 1980, un petit vent de panique souffle en giscardie. Le président Dacko semble faible et peu sûr. Alors, en haut lieu, on se met à repenser à l'hypothèse Sylvestre Bangui.

Pour un week-end, dans ma campagne, je reçois Jacques Gardien accompagné du général Philippe Tardieu de Maleissye-Melun, futur contrôleur général des armées, et son épouse.

Un homme d'une intelligence brillante, un couple charmant.

Avec le général, nous nous sommes affrontés au ping-pong, mais il était bien meilleur que moi et je perdais tous les matchs.

Après ce week-end préparatoire, Patrick Rougelet, Jacques Gardien et le commandant Henri Paris (il n'est pas encore général) viennent de Paris par le train pour me rencontrer. Je les récupère à la gare d'Avignon et les invite à déjeuner dans ma campagne gardoise.

Mon épouse, nous a préparé un bon repas, comme elle sait le faire, et mes amis m'exposent ce que l'on attend de moi.

Il faudrait me rendre sans tarder à Bangui pour faire certains repérages tactiques et, notre ami Sylvestre étant ministre des affaires étrangères, établir trois « vrais faux passeports de service », un pour Rougelet, un pour Gardien, un pour Paris.

En effet, ils comptent se rendre à leur tour à Bangui de la manière la plus discrète possible pour chapeauter une prochaine intervention sur place, mais étant donné leurs positions en France, ils doivent voyager incognito.

Ils m'exposent l'action projetée, nous en discutons longuement et ne voyons pas le temps passer. Finalement il nous reste moins d'une heure pour attraper leur train de retour.

À l'époque, je roulais en 504 Peugeot. Nous voilà en route pour Avignon à très vive allure. Dans la grande descente à deux voies entre Les Angles et le Pont de l'Europe sur le Rhône, nous foncions à 140 km/h. C'était sans compter sur un contrôle de gendarmerie mobile, bien dissimulé. Quelques centaines de mètres plus loin, deux motards nous font signe de nous arrêter sur le côté de la chaussée. Mes trois passagers bondissent du véhicule et sortent leurs cartes officielles en expliquant l'urgence qu'il y a pour eux de ne pas manquer le train. Éberlués, les motards nous laissent immédiatement repartir sans autre forme de procès.

Juste le temps pour nos trois compères de filer au photomaton de la gare faire des photos pour les passeports. Je récupère celles-ci et voilà mes amis repartis pour Paris.

Quelques jours plus tard, je suis à Bangui pour accomplir ma mission. Ma présence a dû être signalée car je note que je suis souvent suivi. Je déjeune la plupart du temps sur la terrasse du Rock Hôtel sur la rive de l'Oubangui. J'y rencontre quelques contacts et mon « suiveur », un français, se met toujours à une table voisine. Probablement un agent du SDECE.

Il a toujours un journal qu'il fait semblant de lire lorsque j'entretiens une conversation. Mais – manque de finesse ou d'expérience ? – ce journal est toujours à l'envers. Les vrais faux passeports de service en poche, je quitte Bangui pour regagner mon domicile.

Je dois monter en train à Paris pour les remettre à mes amis.

Coup de fil de Rougelet :

« Ne monte pas jusqu'à Paris. Tu descends à Dijon, Jacques Gardien et moi-même t'attendrons à la gare et nous remonterons tous les trois à Paris en voiture. »

On m'expliquera les raisons plus tard.

Le jour venu, je descends donc du train à Dijon. Rougelet et Gardien m'attendent sur le quai. En route pour Paris, je m'enquiers donc des raisons de ce changement. Ils me répondent qu'ils ont des doutes sur le commandant Paris. Celui-ci, en cette fin de campagne électorale, et militant pour Mitterrand, pourrait dénoncer un complot du président sortant. La saisie des vrais faux passeports de Rougelet et Gardien avec des noms d'emprunt en apporterait la preuve. Bien entendu, Henri Paris détruirait le sien. Du bon grain à moudre pour la presse. Une difficulté de plus pour Giscard.

Rougelet a gardé le passeport de Paris et ne lui a jamais remis. L'élection de François Mitterrand le 10 mai 1981 mit fin à cette aventure.

Toutefois, Henri Paris maintint le contact avec moi, m'invitant à plusieurs reprises à dîner chez lui dans le 13e arrondissement. Son épouse se montrant particulièrement charmante et lui-même très amical. Grand admirateur de Napoléon, il n'avait pas son pareil pour vous conter par le menu et avec compétence la bataille d'Austerlitz. La stratégie, les manœuvres de l'armée impériale. L'un des meilleurs historiens de cette victoire. Ses compétences et sa connaissance de l'art tactique militaire lui valurent l'attribution du prix Vauban.

13
NOUVEAU COUP D'ÉTAT EN CENTRAFRIQUE

Le 1er septembre 1981, je viens de recevoir mon premier patient à mon cabinet. Coup de fil. Mon assistante me dit que le commissaire divisionnaire Orluc voudrait me parler.

Je n'ignore pas qu'il fait partie des proches de Christian Prouteau. Je prends le combiné. Au bout du fil, Jean Orluc me demande si je suis informé du coup d'État qui vient de se perpétrer le matin même à Bangui.

Je lui réponds que je viens de l'apprendre.

Il voudrait savoir si je connais le général André Kolingba et si Dacko a été évincé ou bien s'il a abandonné la magistrature suprême de son plein gré. Je précise que je ne connais pas personnellement Kolingba mais que ce militaire a fait sa carrière sous le régime de Bokassa, avec fidélité et servilité; qu'il ne fait montre d'une forte personnalité.

Bien que se réclamant proche de la philosophie marxiste, il ne fait aucun doute qu'il restera dans le « giron » de la France.

Quant au départ plus ou moins volontaire de Dacko, je l'en dissuade. Ce dernier a bien été poussé vers la sortie, même s'il n'a opposé aucune résistance.

À partir de ce jour, Orluc ne me quittera plus, me considérant comme une de ses bonnes sources mais sachant aussi « renvoyer l'ascenseur ».

Au fil du temps, un sentiment de sympathie s'installera entre nous.

En 1982, l'Élysée crée la cellule antiterroriste, confiée à Christian Prouteau, créateur du GIGN. Cette cellule est basée au 2 rue de l'Élysée, donc à un saut de puce du palais présidentiel. Mes relations avec Jean Orluc font que je suis amené à m'y rendre de temps en temps.

J'y rencontre ses collaborateurs et notamment son adjoint Michel Tissier commissaire des RG. Le contact est direct avec Gilles Ménage, directeur de cabinet de François Mitterrand. Mes rapports avec la cellule ne concernent que les affaires africaines. Comme j'étais très occupé, il est arrivé qu'Orluc et Tissier se déplacent jusqu'en Avignon pour me rencontrer. Après avoir déjeuné ensemble dans un restaurant de la ville, ils repartaient dans l'après-midi pour Paris.

J'entretins par la suite des relations cordiales avec Jean Orluc. Je le reçus dans ma propriété gardoise et, dans la douleur de la perte de mon père, en novembre 1988, il fit mettre à ma disposition, durant une semaine, une voiture de la présidence de la république pour me rendre en Normandie et organiser les obsèques.

Devant rentrer rapidement à mon cabinet pour dispenser mes soins, le commissaire Rougelet eut la gentillesse de ramener le véhicule au garage de l'Élysée.

Depuis l'élection présidentielle de 1981, les relations personnelles entre Chirac et Mitterrand étaient courtoises et il est arrivé à Chirac de solliciter auprès du président quelque service, tout à fait honorable, mais impliquant parfois cette cellule. Nous verrons plus loin que l'ouverture du procès des membres de cette dernière le 15 novembre 1984 s'invitera dans l'élection présidentielle de 2007.

La cellule fut mise en sommeil en 1986 et dissoute en 1988.

À Bangui, Sylvestre qui avait démissionné de son poste de 1er vice premier ministre, ministre des affaires étrangères, dans le gouvernement Dacko, accepte le poste de ministre d'État, chargé de l'économie et des finances dans le gouvernement Kolingba.

Cependant le nouveau chef d'État centrafricain, sans grand relief, sera chapeauté dès 1983, par le lieutenant-colonel Mantion, envoyé par la France. Très vite, il sera considéré par les Centrafricains comme le véritable chef d'État, Kolingba faisant office de fantoche.

Malheureusement Mantion n'a pas la retenue nécessaire. Écornant l'image de la France, il ridiculise Kolingba qu'il est censé servir. C'est lui qui décide de tout et durcit le régime.

La prison de N'Garaba se remplit à nouveau. Très vite le peuple le hait et dénonce, qu'avec sa femme, il s'enrichit éhontément ; les ministres obéissants à ses ordres et désirs et lui, portant un intérêt tout particulier aux diamants.

Il restera dix ans, de 1983 à 1993, aux côtés de Kolingba et sera baptisé « le proconsul », considéré par la population comme un prévaricateur. En 1986, Gilles Ménage, directeur général du cabinet du président, me convoque un soir vers 17 heures pour me confier une mission.

À peine introduit dans son bureau, le président Mitterrand vient nous rejoindre et m'expose ce qu'il attend de moi. Il souhaiterait que je me rende à Bangui pour rencontrer Kolingba, lui signifier qu'il doit s'affirmer davantage et freiner les agissements de Mantion, devenu incontrôlable depuis la France. Celui-ci ne prête aucune attention aux recommandations de notre ambassadeur.

Le « proconsul » est actuellement si impopulaire dans toutes les couches de la population qu'un vent de révolte souffle sur le régime de Kolingba.

Patassé, peu francophile, qui a encore de nombreux partisans est prêt à semer le trouble. Or la France veut la stabilité, ses bases militaires de Bangui et Bouar sont précieuses; ainsi situées au centre de l'Afrique, elles permettent d'éventuelles actions rapides sur ce continent.

Très occupé par mon cabinet, je précise que je ne pourrai m'échapper que quatre jours, voyages compris, soit deux jours complets dans la capitale centrafricaine. Notre ambassadeur se chargera d'organiser ma rencontre avec Kolingba en court-circuitant Mantion. Le billet d'avion me sera transmis par Jacques Gardien. Quelques jours plus tard, je m'embarque de Marignane pour Bangui.

À l'arrivée, Sylvestre m'attend au salon d'honneur pour m'accompagner chez lui, dans sa propriété de Ouango. Mantion est là à quelques mètres, qui me dévisage, car nous ne nous connaissons pas. Sans le saluer, je quitte le salon avec Sylvestre. Ce n'est sûrement pas par hasard qu'il s'est trouvé là. Rien d'étonnant puisqu'il contrôle tout, même l'agenda de Kolingba.

Je m'attends à ce que mon entrevue avec Kolingba soit fixée au lendemain. Mais rien. Aucun signe de vie. À ma demande, l'ambassadeur de France et Sylvestre Bangui, alors ministre de l'économie et des finances, rappellent à la présidence centrafricaine que l'envoyé du président Mitterrand a un message personnel à transmettre au chef de l'État centrafricain. Ils indiquent que je repartirai le surlendemain pour la France, même si je n'ai pu rencontrer Kolingba, car je n'accepterai pas que l'on me fasse poireauter. La journée du lendemain se passe comme la précédente. Aucune audience ne m'est fixée. Et le surlendemain au matin, je me rends donc à l'aéroport pour regagner la France. Accompagné de Sylvestre, je repasse donc par le salon d'honneur pour attendre l'embarquement et devinez qui s'y trouve déjà ?

Le lieutenant-colonel Mantion qui s'avance vers moi « la gueule enfarinée » :

« Vous partez déjà docteur, c'est dommage, le président Kolingba voulait vous rencontrer cet après-midi. »

Moi je réponds :

« Oui c'est dommage, mais vous lui direz que je ne suis pas son obligé. Vous lui direz que je suis l'envoyé du président français et je n'ai pas vocation à faire le poireau dans la salle d'attente de M. Kolingba. »

J'ajoute :

« Je comprends que vous ne voyez pas mon départ d'un mauvais œil. »

Mantion me dit :

« Vous vous méprenez. Si vous voulez, je peux transmettre la teneur de votre message au président Kolingba. »

Là, je me fais plaisir ; je réponds :

« Mais à quel titre ? Vous n'êtes qu'un coopérant français que je sache. »

À son visage, je vois que j'ai fait mouche. J'ajoute :

« Oui c'est vraiment dommage pour Kolingba et probablement aussi pour vous. Peut-être aussi une occasion manquée. »

Et je tourne les talons pour rejoindre Sylvestre au bar et boire une coupe de champagne avant mon départ.

Tous deux hellénistes, nous décidons par sécurité et pour contourner la censure de Mantion de correspondre en grec ancien. Ce qui fut fait par la suite.

C'est l'heure de l'embarquement, nous quittons le salon d'honneur et passons devant Mantion qui me lance :
« Au revoir docteur. »
Je lui réponds :
« Non ! Pas au revoir mais adieu ! »

De ce jour, de par le comportement du « proconsul », l'image de la France s'est considérablement dégradée aux yeux du peuple centrafricain. L'image de Kolingba, considéré comme le valet de la France, et celle de Mantion également.

Patassé, très proche de la Libye, seul opposant crédible, voyait croître son influence.
Écrasant Kolingba à l'élection présidentielle de 1993, ses espoirs furent comblés.
Sylvestre pour sa part avait démissionné du gouvernement Kolingba dès janvier 1984.

Bokassa, après un séjour de quatre ans en Côte d'Ivoire, avait regagné son château d'Hardricourt en 1983. Sa protection – et sa surveillance – avait été confiée au commissaire Patrick Rougelet ; lequel me tenait informé de tout ce qui se passait au château : les visites, les contacts, le contenu des écoutes téléphoniques etc.

Tout un aréopage de gens plus ou moins interlopes complotaient pour ramener l'ex-empereur en Centrafrique, le persuadant que le peuple, las de Kolingba et Mantion, le réclamait.

Par un périple aventureux, digne d'un roman d'espionnage, Bokassa s'enfuit d'Hardricourt en octobre 1986 pour gagner Bruxelles puis Rome et de là prit un vol pour Bangui.

Hélas pour lui, au lieu de l'accueil triomphal attendu, il fut arrêté dès sa descente d'avion et emprisonné pour être jugé. Condamné à mort, il fut gracié par Kolingba et assigné à résidence. Il sombra finalement dans un délire mystique.

Au cours de mes relations avec l'Élysée je n'ai eu à connaître qu'un seul incident marquant. C'était en 1985, j'avais rendez-vous un matin à 11 heures avec le président de la république.

Avec mon épouse, nous étions montés à Paris en voiture – une Audi 100 – le jour précédent et avions passé la nuit à l'hôtel près de la porte de Champerret. Sur le coup de 10 heures, laissant Michèle à l'hôtel, je vais pour me rendre à ma voiture garée sur la rue de Courcelles et, arrivé à quelques mètres de celle-ci, je vois un individu qui tape avec violence sur la vitre de côté arrière. Je presse le pas et l'interpelle mais je n'avais pas vu son complice qui arrive par-derrière moi et m'assène un coup de poing américain au niveau de l'œil droit. L'arcade sourcilière ouverte, le sang s'est mis à gicler en abondance. Par chance, l'œil proprement dit fut épargné.

En costume-cravate et chemise blanche, un crachin parisien m'avait incité à passer un imperméable. J'avais à la main un cartable chargé de documents et ma première idée fut qu'il s'agissait d'une agression destinée à m'arracher ce cartable. Ces deux individus cherchant à m'immobiliser et me tenant par mon imperméable, j'arrivais à me dégager en abandonnant ce dernier entre leurs mains et à jeter le cartable à la personne tenant un magasin de nettoyage industriel qui avait assisté à l'agression et m'avait ouvert sa porte. Je me réfugiais donc dans cette boutique, le propriétaire fermant la porte à clef derrière moi.

Les gens sur le trottoir étaient terrorisés mais personne n'intervenait et au bout d'une ou deux minutes les agresseurs grimpèrent dans une voiture qu'ils avaient laissée au milieu de la chaussée.

Le costume et la chemise blanche recouverts de sang, la figure abîmée, dilemme pour moi… Allais-je ou non me rendre dans cet état à mon rendez-vous présidentiel ?

Finalement décidant d'honorer ce rendez-vous, je récupère ma voiture et me rends rue du Faubourg Saint Honoré.

À l'entrée, le planton est surpris. On m'accompagne avec compassion au palais et le président me reçoit dans cet état. Il me demande de lui conter mon aventure et appelle un commissaire de la cellule antiterroriste à deux pas de là. Comme par hasard, c'est le commissaire Orluc qui vient prendre ma déclaration. Le président lui demande de lancer l'enquête immédiatement et de retrouver les deux agresseurs dans les plus brefs délais. Il demande également un rapport pour la fin de la journée indiquant l'avancement de l'enquête.

Orluc parti, un médecin attaché à l'Élysée vient constater les dégâts. Heureusement rien de grave à part un bel hématome.

Réconforté par le président, je retourne à mon hôtel retrouver ma femme qui a un choc lorsqu'elle me voit. En fin d'après-midi je reçois un coup de fil du commissaire Orluc qui m'indique que les deux individus ont été arrêtés. Quelle diligence ! Il s'agissait en fait de deux voyous, employés dans une société de sécurité, qui tout simplement en voulaient à ma voiture. La piste politique pouvait donc être écartée.

14
MA VIE D'ÉLU

Élu depuis 1989, la population du village où se situe ma maison de campagne, Bouquet, me réélit maire en 1995. Commune sinistrée par l'exode rural, pratiquement rien n'avait été fait depuis la fin du XIXe siècle. Le temple et l'église étaient en ruine, le donjon du Castellas – XIe siècle – prêt à s'écrouler etc.

Avec l'aide de mon conseil municipal, j'ai tenu, en premier, à ériger une stèle des martyrs de la Résistance, massacrés en juillet 1944. Aucun hommage ne leur avait été rendu jusque-là. Cette stèle fut inaugurée le 5 juillet 1996. Jean Ferrat devait assister à cette inauguration, malheureusement un empêchement de dernière minute l'obligea à se désister.

Ce fut une cérémonie touchante, pleine de recueillement, en présence de l'épouse d'un des martyrs, Mme Cabanel, et des enfants d'autres suppliciés. Une section de la légion étrangère, avec sa musique, avait été mise à ma disposition et interpréta d'abord le chant des Marais, puis le chant des Partisans et la Marseillaise. En prélude, nous avions passé *Nuit et Brouillard* chanté par Jean Ferrat. Le préfet Franck Perriez, le président du conseil général, Alain Journet, les députés, sénateurs et anciens combattants du département avec leurs drapeaux, honoraient cette manifestation par leur présence.

Toute la population du village et des villages environnants était là elle aussi.

Les discours prononcés furent d'un très haut niveau. L'émotion était au rendez-vous ; ce lieu de mémoire est une des réalisations dont je suis le plus fier.

Quelque temps plus tard, je fus contacté par Véronique Estel, fille de Jean Ferrat ; danseuse, comédienne elle venait d'écrire une pièce de théâtre *Une petite âme* et souhaitait donner une représentation dans notre temple. Je la rencontrai en Avignon, au cours du festival et nous déjeunâmes ensemble. Elle m'invita, avec mon épouse, à assister à une représentation de sa pièce le 13 août 1999 à Entraygues, là où résidait Jean Ferrat. Ce fut une soirée très sympathique.

Nous appréciâmes le jeu de l'actrice et le texte de cette pièce d'une grande profondeur.

En deux mandats, le temple, l'église, le four à pain communal, le donjon du Castellas, tous en ruines, la mairie, furent entièrement restaurés.

Le temple, lui était en ruine depuis la fin du XIXe siècle. Plus de toiture ni de charpente, pans de murs et colonnes écroulés ; une végétation dense avec déjà de gros arbres avait envahi l'intérieur. C'était un édifice de grand volume dont la restauration fut onéreuse. Mais le résultat fut à la hauteur des espérances. En présence du préfet François Léonelli, le temple fut inauguré le 29 avril 1998 et sa restauration récompensée par le 1er prix national des Rubans du patrimoine ; celui-ci me fut remis au Sénat par le président de l'Association des maires de France Jean-Paul Delevoye, le 21 avril 1998.

Dans la foulée, j'entrepris la restauration de notre église Saint Martin dont l'état était encore pire que celui du temple. Murs au trois-quarts écroulés, envahis par le lierre, plus de charpente ni de toiture et, comme le temple, même envahissement par la végétation. Cette petite église de style roman-lombard ne manquait cependant pas de charme et sa restauration nous valut également le 1er prix des Rubans du patrimoine. J'eus le plaisir de l'inaugurer le 1er mai 2004 en présence de Monseigneur Wattebled, évêque de Nîmes, qui procéda à la consécration de ce lieu de culte, et de Michel Gaudin, notre préfet du Gard.

Par la suite un parc arboré fut aménagé autour de chacun de ces deux édifices.

Cependant, une réalisation qui me tint aussi particulièrement à cœur fut la mise en place, derrière la mairie, d'un « Triangle de roses Résurrection » de Ravensbrück en hommage à toutes ces femmes victimes du nazisme, déportées au camp de Ravensbrück et dont beaucoup ne sont jamais revenues.

Mme Lucienne Rolland, secrétaire nationale de l'Association des déportées de Ravensbrück nous avait fait l'honneur d'accepter de présider cette cérémonie d'inauguration fixée le 19 juin 1999 en présence de Michel Gaudin, préfet du Gard.

Hélas, un accident de dernière minute l'obligea à se faire représenter par l'une de ses camarades d'infortune, Mme Jackie Talouarn, accompagnée de trois autres déportées, Mme Margueritte Chabrier, Mme Josette Roucaute et Mme Geneviève de Gaulle-Antonioz. À cette occasion, la médaille de Ravensbrück me fut remise par Mme Talouarn de la part de la présidente Mme Rolland. Ce fut pour moi encore un moment très émouvant.

Deux bâtiments techniques, construits en pierre, un parc de loisirs le « Clos Jean Cavalier », l'adduction d'eau refaite à neuf et une voirie convenable vinrent compléter pour l'essentiel ces réalisations.

Je garde donc le sentiment du devoir accompli.

Dès 1995, au Conseil général, une lutte farouche s'installa entre le président sortant, Gilbert Baumet – ancien ministre socialiste, ancien sénateur, député du Gard, président sortant du Conseil général – et Alain Journet, ancien député socialiste du Gard.

Baumet empêtré dans des poursuites judiciaires pour corruption, prise illégale d'intérêts et népotisme se refusait à reconnaître la victoire de son adversaire.

Depuis qu'il n'était plus ministre, il avait fait le tour de tous les partis politiques : parti radical, UDF, RPR, et même FN pour quelques jours. Une vraie girouette ! Seul le parti communiste n'avait pas été abordé.

Journet, n'arrivant pas à se dépêtrer du problème, accompagné de quelques élus, organisa une rencontre à Paris avec le président de l'AMF Jean-Paul Delevoye. Bien qu'étant sans étiquette politique, Journet m'avait demandé de l'accompagner. Je plaidais donc sa cause auprès du président des maires.

Finalement nous fûmes entendus et Journet fut officiellement reconnu comme président du Conseil général du Gard. Il avait la chance de disposer des talents d'un excellent directeur de cabinet, Jacques Goubin, avec lequel je tissai des liens solides.

Quelque temps plus tard, Journet m'invite à dîner, en présence de Goubin. Un sénateur du Gard, condamné pour prévarication et prise illégale d'intérêts, venait d'être destitué par le Sénat. Une élection partielle devait donc avoir lieu. Au cours du repas, Journet m'invite à me présenter et m'assure de son soutien. Président de nombreuses commissions départementales dont la très importante commission de la dotation globale d'équipement, j'avais eu l'occasion de rencontrer tous les maires du département ; le Préfet, en confiance, épaulé par son secrétaire général, faisait grand cas des avis de la commission.

J'accepte donc tout naturellement l'idée de me présenter à l'élection sénatoriale partielle de 1997. Je choisis comme suppléant, Gilles Dumas, encore actuellement maire de Fourques, unanimement reconnu par ses pairs comme un homme dont la probité et l'efficacité ne peuvent être mises en doute.

Avec son secrétaire général, Jacques Payen, une profonde amitié fraternelle nous habitera.

Cette année-là, la finale de la coupe de France de rugby se déroule à Nîmes au stade des Costières. Perpignan est finaliste. Journet m'invite à déjeuner avec Jacques Séguéla, grand supporter de Perpignan.

À la fin du repas, j'accompagne Séguéla au stade avec ma voiture. Durant le trajet, nous parlons de ma candidature aux sénatoriales, il me donne des conseils et me laisse son numéro de téléphone au cas où j'aurais besoin d'autres avis. Nous parlons aussi médecine et c'est ainsi que j'apprends qu'il est pharmacien.

Catastrophe ! Le 21 avril 1997 Jacques Chirac dissout l'Assemblée nationale. Finie l'élection partielle. La prochaine élection sénatoriale sera pour septembre 1998 et ce sera un scrutin de liste. Donc, trois sénateurs pour le Gard. Tous les partis présentent une liste de trois candidats.

Avec Gilles, pour le sport et, sans trop d'illusions, sachant que, réservé aux grands électeurs, le scrutin sénatorial est le plus politique qu'il soit, nous décidons de nous présenter quand même, la campagne étant quasiment accomplie l'année précédente.

Le parti communiste, bien représenté dans le Gard, ne voulait pas voter au second tour pour la liste entière socialiste dont faisait partie Journet, et m'avait laissé entendre qu'il voterait pour nous.

J'avais d'excellents rapports avec les élus communistes, bien que n'étant pas de leur bord. Patatras ! Un accord d'état-major parisien entre le parti socialiste et le parti communiste intervient juste avant l'ouverture à 14 heures des bureaux de vote pour le second tour.

Nous n'avons pas été élus, mais compte tenu de notre statut sans étiquette et sans parti pour nous soutenir, nous avons fait un bon score, supérieur à celui du parti communiste ; un score honorable, reconnu par tous.

Une expérience intéressante pour quelqu'un qui n'a jamais fait de politique.

Élu en 1998 au Comité Directeur de l'Association des Maires de France, avec pour présidents successifs, Jean-Paul Delevoye, Daniel Hoeffel et Jacques Pélissard, j'eus l'occasion de rencontrer de nombreux ministres tels Jean-Louis Borloo, Gérard Larcher, Laurent Fabius alors président de l'Assemblée nationale.

Je garde un excellent souvenir de Michel Charasse qui me reçut à déjeuner à la questure du sénat avec quelques amis. C'était un homme au commerce très agréable, plein d'humour, tolérant. Un homme politique qui aurait évolué avec brio sous la IVe République. Tout était « rond » en lui. Courtois, bienveillant mais incorrigible fumeur de havane. Pour un interlocuteur non-fumeur, c'en était très gênant au bout de dix minutes de conversation.

Membre de la Commission Europe de l'AMF aux côtés d'Antoine Rufenacht, homme de grande qualité, maire du Havre, je fus invité en 2005 à déjeuner au siège de l'Union européenne avec Benoît Hamon, jeune député européen, d'ailleurs très agréable.

En 1998 Jacques Payen me présente Henri Guaino ancien commissaire au plan.

C'est un homme de grande taille, sympathique, patriote et gaulliste, ce qui bien sûr, n'est pas fait pour me déplaire. Nous déjeunions de temps en temps ensemble à l'Impérator à Nîmes, partageant notre rejet pour la pensée unique. Un léger bégaiement et quelques tics, corrigés depuis, altéraient son élocution, mais sa pensée était claire. Nous avons également partagé un dîner dans un autre restaurant près des arènes avec Marie-France Garaud. Ce fut une soirée vive où l'intelligence l'emportait sur les mets, pourtant fort bons. Mme Garaud, femme au commerce agréable, femme déterminée, exclusive, nous fit part de ses projets déçus. En effet, elle avait fondé beaucoup d'espoir sur Jacques Chirac qu'elle comptait bien « driver » jusqu'à la magistrature suprême mais qui s'était émancipé. En gaulliste convaincue, elle ne lui pardonnait point d'avoir pris ses distances et son envol sans elle.

Le 29 octobre 1998, toujours à Nîmes, dans les salons du Lisita, nous donnons, Henri Guaino et moi-même, une conférence dans le cadre de la fondation Marc Bloch. Par la suite, je le soutins dans sa tentative de conquête de la mairie de Paris sous l'étendard de Philippe Seguin. Devenu plume de Nicolas Sarkozy, il fut soudainement propulsé en pleine lumière.

Cette même année 1998, le 13 juin, un drame me toucha profondément. Notre ami Eric Tabarly périt noyé en mer d'Irlande, au cours d'une croisière ludique. La France perdait là un de ses plus grands marins.

En janvier 2001, Jacques Chirac a invité le Comité Directeur de l'AMF pour un somptueux dîner à l'Élysée, ce qui me permit d'échanger chaleureusement avec lui ; Mme Chirac se montrant particulièrement aimable et attentive.

L'auteur avec Jacques et Bernadette Chirac à l'Élysée.

Début 2002, pour l'élection présidentielle, je donne mon parrainage à Jean-Pierre Chevènement qui peine à rassembler ses cinq cents signatures. Par conviction, j'aurais dû parrainer Jacques Chirac, mais celui-ci croulait sous les promesses de signature. En revanche, bien que ne partageant pas toutes les idées de Chevènement, je trouvais dommage que cet homme, patriote, aimant la France, d'une honnêteté intellectuelle reconnue, ne puisse participer et enrichir le débat présidentiel. De plus, un de ses principaux collaborateurs, lorsqu'il était ministre des armées, n'était autre que le général Henri Paris. J'eus le plaisir de rencontrer Chevènement à l'occasion d'une invitation pour remercier ses parrains.

À la demande du président Daniel Hoeffel, j'ai représenté l'AMF au congrès des maires italiens du 16 au 19 octobre 2003, à Florence. Dans une telle ville, avec un accueil si chaleureux, je ne puis qu'en garder un excellent souvenir. À cette occasion, en séance plénière, j'ai eu l'honneur de remettre le 18 octobre la médaille de l'AMF au maire de Rome, Walter Veltroni.

Au printemps 2003, nous inaugurons notre parc de loisirs « le Clos Jean Cavalier » sous la présidence de notre sympathique préfet de région Daniel Constantin et de Maguy, la compagne de Jacques Brel qui avait écrit pour elle :

Pour un peu de tendresse
Je changerai de visage
Je changerai d'ivresse
Je changerai de langage.

Quel contraste avec le monde politique.

Ce monde, finalement je ne le connaissais pas avant d'embrasser ma fonction d'élu. J'y ai découvert une triste réalité : il n'y a pas d'amis en politique, les coups tordus y sont légion, tous les moyens sont bons pour arriver à y faire carrière.

Je n'étais pas fait pour ce monde-là et je remercie le Ciel de n'avoir pas permis mon élection au Sénat. Peut-être aurais-je risqué d'y perdre mon âme ?

Les prémices de l'élection présidentielle de 2007 allaient m'en donner un aperçu.

Jacques Chirac, connaissant les velléités de Nicolas Sarkozy de participer à l'élection est profondément fâché par la trahison de ce dernier qui avait choisi le camp de Balladur en 1995, avait pris la décision en 2004, malgré son état de santé, de laisser croire qu'il serait encore candidat en 2007. Tout cela pour « embêter » Sarkozy alors ministre de l'intérieur.[36]

Il avait mis tant d'ardeur et de finesse à jouer cette partition que le ministre, qui piaffait d'impatience de commencer sa campagne, ne pouvait l'annoncer officiellement. En effet, si Chirac repartait, il n'avait aucune chance et le RPR n'était pas en mesure de s'offrir le luxe de deux candidats concurrents.

Chirac fut si crédible dans son rôle que son challenger cherchait un moyen de le discréditer pour l'éliminer de la compétition. Il mit ses meilleurs limiers sur l'affaire.

Le procès de la cellule antiterroriste ouvert le 15 novembre 2004 offrait une opportunité. Nous l'avons vu plus haut, les rapports Chirac-Mitterrand sont toujours restés courtois.

Compte tenu des petits services rendus par Mitterrand à Chirac, par l'intermédiaire de cette cellule, certains zélés se sont mis en quête de témoins à charge acceptant de

---

36 Une démission, peu avant la fin de son mandat, lui aurait permis de se représenter ; le second mandat n'ayant pas été mené à son terme.

« mouiller » le président. Pressions vigoureuses, coups montés, chantages et je sais de quoi je parle, firent flores. Mais cette fois-ci, ça n'a pas marché.

De tous les présidents que j'ai pu rencontrer, Jacques Chirac était de loin le plus sympathique, le plus direct, le plus sincère, n'hésitant pas à pratiquer la démagogie comme tous les autres présidents mais en toute lucidité et avec humour. Une sorte d'exercice sportif destiné aux électeurs dont il avait une opinion réaliste mais jamais méchante ni suffisante. De plus, son « règne » ne fut point marqué de décès suspects. En campagne électorale, c'était une véritable « bête politique ». Beaucoup lui reprochèrent son inaction, mais pour ma part, quels que soient les reproches qui lui furent adressés, j'ai toujours manifesté beaucoup d'indulgence pour ses erreurs.

Une fois élu, il semblait moins intéressé, plus détaché de la chose politique. La compétition le stimulait.

Sa prestance, son franc-parler, son indépendance vis-à-vis des USA – son refus de participer à la guerre contre l'Irak en est une illustration très claire – permettaient à la France, à travers sa personne, d'être respectée dans le monde.

Je ressens pour sa mémoire une tendresse toute particulière.

15
L'AFER

Vous l'avez compris, je ne suis pas homme à rester à ne rien faire. Retraité oui ! Mais en retrait non !

Pour l'activité physique, j'ai largement ce qu'il me faut avec ma grande campagne à entretenir. Mais je ne peux concevoir ma vie sans activité intellectuelle. C'est pourquoi, j'acceptai bénévolement en 2011 un poste au Comité Consultatif de l'AFER (association française d'épargne et de retraite).

J'y ai vu une occasion de parfaire mes connaissances en économie, relativement basiques, sous la houlette de mon ami Gérard Bekerman, économiste, universitaire de renom, professeur à Assas, codirecteur de la chaire ESSEC-Finance et de surcroît excellent pianiste. Il préside l'AFER en vrai politique. Il en possède les qualités et les défauts, pouvant se montrer tantôt très charmeur et tantôt très brutal.

Il faut reconnaître que c'est le meilleur défenseur de l'assurance-vie en France. À chaque fois que l'assurance fut soumise à des attaques, et il y en eut de nombreuses, il monta au créneau et mobilisa ses relations au plus haut niveau. Cependant des nuages planent encore sur ce placement préféré des Français. Notamment le désir de certains hommes politiques et hauts fonctionnaires, mais surtout des notaires, d'intégrer l'assurance-vie à la masse successorale, au décès de l'adhérent.

Vue la faiblesse du rendement de ce placement, la suppression de cet avantage successoral lui serait fatale. Il perdrait alors son dernier avantage et c'en serait fini de l'assurance-vie. Gérard Bekerman en est tout à fait conscient et je suis certain qu'il se battra bec et ongles pour conserver cet atout.

Au sein du Comité consultatif, j'eus le plaisir de côtoyer des gens de qualité, de tous horizons professionnels et d'une grande honnêteté. Je rends ici hommage à Jacques Pilon, ancien officier de la marine marchande, excellent peintre-dessinateur, apprécié de tous, qui présida ce comité jusqu'en 2020.

Ce qui me passionna le plus, fut de piloter, à son lancement, le Fonds de dotation pour la recherche médicale. Animant une petite cellule de six membres du Comité consultatif, nous proposions des projets de recherche soigneusement identifiés et choisis.

Deux thèmes essentiels prédominaient et furent éligibles à l'aide du Fonds.

La recherche sur le VIH[37] et celle sur la maladie d'Alzheimer[38]. Cette dernière était, encore jusqu'à ces derniers temps, consacrée quasi exclusivement aux plaques amyloïdes, alors qu'à Paris, le Pr Etienne Baulieu, au sein de son institut, rendait pour responsable de la maladie une protéine contenue dans les neurones, la protéine TAU. Il prouva qu'une protéine, FKBP52 produite au niveau des lysosomes[39], à l'intérieur des neurones, régulait la quantité de protéines TAU. Si la quantité de FKBP52 baisse ou est insuffisante, cela entraîne une accumulation de protéine TAU à l'intérieur des neurones, rendant la liaison entre ceux-ci, par les dendrites, difficile voire impossible selon l'importance de l'accumulation.

Le corps médical, comme les autres professions, n'échappe point à la vanité, à la jalousie, à la calomnie.

Le Pr Baulieu fut longtemps victime de certains de ses confrères.

La pensée unique incriminait les plaques amyloïdes comme seules responsables des dégénérescences cérébrales et particulièrement de la maladie d'Alzheimer.

Cette année 2022, la communauté scientifique mondiale, dans sa grande majorité, a donné raison au Pr Baulieu qui commence à ce jour les essais cliniques sur l'homme en traitant la maladie par administration de FKBP52.

---

37 Virus de l'Immunodéficience Humaine responsable du Sida

38 Maladie neurodégénérative. Atteinte cérébrale progressive conduisant à la mort des neurones.

39 Organites situés à l'intérieur des neurones. Petite structure sphérique (vésicule) délimitée par une membrane lipidique située dans le cytoplasme des cellules eucaryotes (cellules à noyau).

En 2015, le professeur m'invita à visiter son centre de recherche à l'Institut Baulieu situé à l'hôpital du Kremlin-Bicêtre. J'y entraînai Gérard Bekerman et le professeur nous fit visiter son laboratoire en nous exposant le but et l'état d'avancement de ses travaux.

L'auteur, le professeur Etienne Baulieu et
Gérard Bekerman, président de l'AFER.

Nous pûmes déjà constater de visu le changement de comportement des poissons zèbres, rendus dégénérescents par manque de FKBP52, par rapport aux mêmes traités au FKBP52. Le résultat était évident.

Même chose avec les souris et les rats. Les malades ne retrouvaient plus leur chemin pour se diriger, manger et boire. Les animaux traités retrouvaient leurs capacités cognitives. Personnellement, je voulais « mettre le paquet » sur notre aide au Pr Baulieu mais Gérard Bekerman, plus sensible au milieu mondain parisien alors très critique des travaux de Baulieu, ne m'a pas totalement suivi. Dommage pour l'AFER qui aurait pu être l'un des principaux soutiens des recherches de Baulieu et s'enorgueillir d'avoir été un artisan du prochain traitement de la maladie d'Alzheimer. Dommage surtout pour les malades. Hélas, c'est un constat, le manque de vision à long terme altère souvent le jugement des décideurs. Un autre événement confirme mes propos.

En mai 2017, je reçois un bristol d'Emmanuel Macron, m'invitant au ministère de l'économie, de l'industrie et du numérique, à assister à la remise de la Grande Croix dans l'Ordre du Mérite au Pr Baulieu, le 8 juin 2017. Bien sûr, je m'y rends, rencontre le ministre et assiste à la remise de cette prestigieuse décoration, pour une fois, bien méritée. Notons que le professeur vient de se voir remettre la Grand-croix de la Légion d'honneur.

Ne connaissant pas Macron, je découvre un homme intelligent, flatteur mais aussi, cela transpire, imbu de sa personne. Ne jouant la modestie que pour occulter sa vanité. Multipliant les citations littéraires pour montrer sa grande culture. Mais là encore, point ne faut trop gratter. Vanité ! Vanité ! J'avoue m'être laissé prendre pendant la première partie de son discours mais très vite, la ficelle est apparue trop grosse pour un esprit quelque peu critique. La pédanterie transpirait.

Lors du « pot » qui suivit la remise de décoration, je m'approche à nouveau d'Emmanuel Macron en conversation avec le Pr Baulieu. Celui-ci a alors quatre-vingt-douze ans. Je m'adresse au ministre droit dans les yeux :

« Vous savez, Monsieur le Ministre, les recherches du professeur sont très sérieuses et leur résultat scientifiquement incontestable. La maladie d'Alzheimer touche tant de personnes dans le monde que chaque minute compte. Le professeur dispose de peu de moyens – essentiellement privés – pour mener ses travaux. Vous êtes ministre de l'Économie, disposez de fonds dédiés. Le professeur a quatre-vingt-douze ans. Le temps presse, c'est maintenant que vous devez lui apporter une aide significative. Pas dans dix ans. Pas dans cinq ans. »

Posant sa main sur mon bras, Macron, avec un grand sourire, me répond :

« Bien sûr. Vous pouvez compter sur moi. Je m'en occupe. »

Un mois plus tard, il annonçait sa candidature à la présidence de la République. Il avait d'autres chats à fouetter que de s'occuper du professeur Baulieu.

Grâce à l'AFER, il m'a été donné de rencontrer nombre de gens intéressants ou célèbres. En premier lieu, Raymond-François Lebris, préfet, ancien directeur de l'ENA, et Pierre Steinmetz, ancien membre du conseil constitutionnel, tous deux membres du Comité des sages de l'AFER. Tous deux de grande culture et d'intelligence hors du commun. Ils me firent l'honneur de m'accorder leur amitié.

Un fidèle, présent à toutes nos cérémonies de vœux, Arnaud Montebourg. D'un abord simple et direct, souvent accompagné de jolies femmes, c'est toujours un plaisir d'échanger avec lui. Je le pense trop sincère. C'est un défaut qui, je crois, lui a beaucoup nui en politique.

Autre habitué, Patrick Poivre d'Arvor. Ce journaliste et écrivain, fort cultivé, était d'une autre pointure que la plupart de nos ternes échotiers actuels. N'en déplaise aux féministes de *#MeToo*…

Et puis, la musique, grâce à Gérard Bekerman, n'est jamais absente à l'AFER: l'Orchestre de la Garde Républicaine, Vladimir Cosma, ce compositeur si réservé, si délicieux, si modeste, nous honorent régulièrement de leurs prestations.

Je ne puis les citer tous mais cela montre qu'à l'AFER la culture s'impose à côté de la finance. Il m'a été également donné, d'échanger en toute simplicité, lors des Assises de l'AFER ou lors d'événements à la Sorbonne avec des hommes politiques comme Xavier Bertrand, Bruno Lemaire, Nicolas Sarkozy etc. ces personnages n'étant pas en « représentation » sont beaucoup plus naturels donc plus sympathiques.

16
VOYAGEUR DU MONDE

PAYS-BAS

Mon premier voyage à l'étranger, en 1952, fut pour les Pays-Bas, Amsterdam en particulier. J'avais quatorze ans et pour correspondant en langue anglaise, un garçon néerlandais d'Amsterdam. Invité, je pris le train en gare de Bernay à destination d'Amsterdam, via Paris et Bruxelles.

Il fallait une journée complète pour faire le trajet en train.

À cette époque, l'insécurité n'était pas ce qu'elle est aujourd'hui et mes parents, malgré mon jeune âge, m'avaient laissé voyager seul. Je découvrais pour la première fois un pays qui m'était inconnu, une langue que je ne comprenais point, des mœurs et surtout une cuisine totalement différents de chez moi.

Je passais un mois en Hollande dont une partie à Zandvoort, station balnéaire sur la mer du Nord. Que retins-je de ce voyage? En vrac: des boutiques de cigarettes dans chaque rue avec devantures « alléchantes », une multitude de vélos, des fumeurs partout même dans les cinémas, des filles de mon âge peu farouches, une nourriture exécrable, composée principalement de tartines de pain de mie avec du beurre et des granulés sucrés multicolores par-dessus, des gens à la fois très accueillants mais aussi très individuels. Toutefois, la ville d'Amsterdam n'était pas sans attrait avec ses multiples canaux. Le plus remarquable pour moi, grand amateur de peinture flamande reste le Rijksmuseum, avec ses toiles de Rembrandt, Van Dyck, Jordaens, Vermeer, Van Gogh, Rubens, etc..

Pour mon plus grand plaisir je devais y retourner l'année suivante.

ESPAGNE, PORTUGAL, ITALIE, YOUGOSLAVIE

Arrivé en 1958 à Montpellier, avec un copain de faculté nous décidons de faire une virée en Espagne, en Catalogne pour être plus précis, vers Figueras et Gérone, pour faire des achats de cartouches de cigarettes et d'alcools, bien moins chers qu'en France.

Dès la frontière, avec des gardes civils peu amènes, nous sommes frappés par les faisceaux installés partout, au bord des routes, à l'entrée des villages, aux sommets des collines, partout. C'était l'automne. Le pays était triste et gris, très pauvre, et ne donnait pas envie de s'y attarder. Cela ne faisait pas vingt ans que Franco avait installé sa dictature.

Depuis, les choses ont bien changé. Et je me suis rendu en Espagne maintes fois. C'est un pays latin que j'apprécie et j'y retourne régulièrement très volontiers, de même qu'au Portugal, pays calme, accueillant, au charme discret. Lisbonne est une belle ville très agréable. Au sud, l'Algarve et Faro sont des endroits où il fait bon vivre.

****

En 1959, je suis allé passer des vacances en Italie à l'île de Ponza, à côté de Capri, et ai à cette occasion visité Naples. Depuis, je me suis rendu de très nombreuses fois dans ce beau pays si près culturellement du nôtre. Venise, Florence, Rome sont des villes chargées d'histoire et de monuments magnifiques. La Galerie des Offices à Florence est une véritable merveille.

****

La même année, avec ma première femme, je décide de me rendre à Athènes en voiture et de visiter la Grèce, pays dont la culture m'imprègne, en tant qu'helléniste.

Je suis l'heureux propriétaire d'une Dina Junior Panhard, petit cabriolet sympathique et rapide pour l'époque. Je prévois de passer par le nord de l'Italie, Venise, Trieste et de longer la côte dalmate en Croatie, alors yougoslave, puis de gagner Zagreb, Belgrade, Skopje en Macédoine et finalement Athènes.

Le début du voyage se passe bien. Le passage de la frontière yougoslave nous permet de sentir le poids du régime communiste de Tito. Contrôles tatillons, fouilles, airs suspicieux. Nous atteignons Zagreb et sommes harcelés par des gens qui entourent notre voiture, parlant français, voulant nous inviter chez eux, nous offrir l'hospitalité… mais contre espèces sonnantes et trébuchantes. Nous finissons par accepter de passer la nuit chez un couple nous paraissant correct, dans un ancien immeuble de prestige du centre-ville. L'intérieur du logement s'avère spartiate ; cuisine sommaire, vieux meubles et chaises avachies. Nous comprenons vite que le pays baigne dans la misère. Le lendemain matin nous reprenons la route pour Belgrade et là plus rien ne va. À une centaine de kilomètres de la capitale yougoslave, un bruit caractéristique provient du moteur de ma Dina Junior, un bruit qu'hélas je reconnais, un bruit de bielle coulée. S'arrêter ici en pleine campagne, sans un village en vue ? Je prends le risque de poursuivre ma route, non sans inquiétude. Finalement, nous arrivons tout de même à Belgrade, je trouve un garage en centre-ville et y laisse ma voiture pour la faire réparer. Ce que je ne savais pas, c'est que la loi serbe imposait, à toute personne étrangère entrant dans ce pays, de n'en ressortir qu'avec tout ce qu'elle y avait introduit. Le garagiste s'avérant incapable de réparer, la nécessité de faire venir les pièces de France, le montant prévisionnel de la réparation s'avérait supérieur au prix de la voiture. La rage au cœur, je dus, après trois jours de palabres administratives, faire don de ma voiture au service des douanes, lequel me délivra, en échange, le précieux document nous permettant de sortir du pays.

Les nuits d'hôtel, les bakchichs et tous les frais annexes avaient englouti toutes nos économies. Ne nous restait juste que de quoi payer le billet de train Belgrade-Paris.

MAROC, TUNISIE

Comme je l'ai évoqué précédemment, j'ai beaucoup bourlingué en Afrique noire que ce soit en Centrafrique, au Tchad, au Burkina Faso, au Sénégal, en Gambie, en Namibie, en Afrique du Sud etc.

En ce qui concerne le Magreb, je m'y suis rendu très souvent avec pour destinations le Maroc et la Tunisie.

J'avais connu le Maroc en 1965, lors de mon voyage de noces, puis par la suite y retournai de nombreuses fois. J'y ai perdu mon premier fils, Guillaume, âgé de cinq jours, en 1970 par manque de soins adaptés, prodigués par des médecins européens vieillissants, dans la plus grande clinique française de Casablanca, la clinique d'Anfa. Ce fut, bien entendu, une épreuve très douloureuse pour mon épouse et moi-même. Au cours de mes séjours suivants, j'ai pu apprécier ce pays très accueillant et varié.

Il faut visiter ces belles villes de Rabat, Tanger, Marrakech, Casablanca et les plages d'Agadir, d'El Djédida, et d'Essaouira.

****

En revanche, le charme de la Tunisie est tout différent. L'influence de Carthage et de Rome s'y fait encore sentir. De nombreux vestiges témoignent de cette époque. Les plages et les équipements hôteliers sont de bon standing. Un petit coup de cœur pour l'île de Djerba et sa synagogue. Souvenir le plus exotique : les chèvres grimpant dans les arbres. Incroyable ! Il n'est pas rare d'observer dix à quinze chèvres, noires et blanches, grimpées sur un même arbre jusqu'au sommet des branches pour y brouter les feuilles. Cela m'a toujours fortement impressionné.

Avec Michèle nous avons poussé jusqu'au sud à Tozeur et puis jusqu'à Douze, oasis aux portes du Sahara. Douze signifie oasis en arabe, mais les autochtones prétendent qu'elle tire son nom d'une garnison du 12e régiment de tirailleurs tunisiens qui au XIXe siècle y stationna.

Michèle, ne voulant pas me suivre tant il faisait chaud, je suis parti faire l'expérience d'une méharée dans le désert à dos de dromadaire. Pour moi, européen, ce fut une épreuve physique tant la chaleur est intense dans le Sahara. Du sable blanc à perte de vue qui réverbère les rayons brûlants du soleil ; à l'horizon, le mirage de la mer, illusion d'optique créée par la réfraction des rayons lumineux dans l'atmosphère. La soif vous prend très vite. La progression du dromadaire, animal calme et attachant, induit une sorte de roulis qui, au fil du temps, vous berce et vous endort. Impossible de ne pas penser à *La piste oubliée* de Frison-Roche. Néanmoins, une méharée dans le Sahara est une expérience éprouvante et je n'étais pas mécontent de retrouver le monde civilisé, une bonne bière fraîche et… ma femme.

TCHÉCOSLOVAQUIE, HONGRIE

Le 9 novembre 1970, je me trouvais en voyage de chasse à Hradec Kralové, en Tchécoslovaquie, lorsque j'appris le décès du Général de Gaulle. La nouvelle me toucha comme un coup de poing tant j'avais conscience que la France perdait là un homme de génie et qu'elle aurait bien du mal à s'en remettre. Georges Pompidou, de sa voix grave, pleine d'émotion, annonça à la télévision :

« La France est veuve ! »

Quel contraste entre cette France prospère, respectueuse des libertés individuelles et ce pays communiste sortant, deux ans plus tôt, du Printemps de Prague, maté violemment par les troupes soviétiques. Tout était triste et gris, même les maisons. Avec mes compagnons de chasse, nous étions suivis en permanence et notre guide, flanqué d'un commissaire politique à ses côtés. Les magasins étaient vides de marchandises, les gens semblaient hors sol, gagnés par une sorte de mélancolie résignée.

Nous chassions, en battue, le faisan et le lièvre à une vingtaine de kilomètres de Hradec et, la journée de chasse terminée, étions invités dans les villages à la Maison du Peuple. Ces maisons se ressemblaient toutes. Grande salle éclairée au néon où une grande partie de la population se retrouvait le soir pour boire. La vodka coulait à flots. Les gens buvaient de grands verres, remplis à ras bord, cul sec comme si c'était de l'eau et ils ne se limitaient pas à un seul verre. Mithridatisés, ils tenaient bien le coup. Mais, tout de même, certains quittaient les lieux en titubant. Les pauvres gens n'avaient aucune distraction et, faute de mieux, se laissaient aller à la « boisson », encouragés par le régime qui voyait par cet exutoire un bon moyen de tenir le peuple. Un peuple humilié qui vivait dans la peur.

Modèle « démocratique et égalitaire », comme chacun sait, le régime réquisitionnait d'office sur place les villageois pour en faire des rabatteurs ou bien des porteurs de fusil et de gibier, attribués à chaque chasseur. Tout cela sous l'œil vigilant d'un commissaire politique qui ne nous quittait pas. Personnellement, je me suis toujours fait un point d'honneur de ne jamais accepter de porteur. Celui qui m'était attribué marchait à mes côtés. Nous devisions tant bien que mal avec force gestes et un mélange de mots français, anglais, allemands.

En ville, nous étions discrètement abordés pour faire du change. Les Tchèques cherchant à se procurer des devises, les couronnes tchèques n'ayant aucune valeur à l'étranger.

****

L'année suivante, je me rendis en Hongrie, toujours pour un voyage cynégétique. Même ambiance qu'en Tchécoslovaquie. Le souvenir de la révolte de 1956 était encore présent, les troupes soviétiques également. Le porteur qui me fut attribué était un confrère médecin d'une soixantaine d'années. Bien sûr, je ne le laissais point porter mon fusil et, comme c'était un latiniste, nous avons pu entretenir notre conversation dans la langue de Cicéron. Insolite mais expérience unique. En revanche, j'ai pu admirer la belle ville de Budapest chargée d'histoire, joyau de l'empire austro-hongrois et retrouver le Danube que j'avais déjà connu à Belgrade en 1959.

Je devais retourner à Prague l'année suivante. Très belle ville également. Rien n'avait vraiment changé sauf une présence de l'armée soviétique plus visible. Il n'était pas rare de voir des gens, pleins de haine et de mépris, cracher à terre au passage des véhicules militaires.

Le paradis communiste s'avérait plutôt être un enfer pour ceux qui vivaient sous son joug.

Il y a une dizaine d'années, je retournai à Prague, une ville vivante, joyeuse où une multitude de cloches d'églises sonnaient gaiement et où la population manifestait sa joie de vivre dans la liberté retrouvée.

POLYNÉSIE, NOUVELLE-CALÉDONIE

En 1969, au cours de notre tour du monde, nous avons séjourné plus d'une semaine en Polynésie ; Tahiti, Moorea, Bora-Bora, furent les îles principalement visitées. C'était encore l'époque où ces îles correspondaient à l'image idyllique qu'on leur accordait. Les traditions, le folklore étaient restés vifs et leur authenticité n'avait pas encore été dégradée par le tourisme de masse. Papeete n'était encore qu'une petite ville de province, joyeuse, hospitalière. Nous logions à l'hôtel Méridien à quelques kilomètres de Papeete, les pieds dans l'eau du lagon.

Un jour, nous décidons d'aller à Moorea, île la plus proche de Tahiti. Départ tôt le matin à bord d'un petit avion monomoteur. Arrivés à Moorea, nous nous rendons à la baie de Cook. C'est un spectacle à vous couper le souffle. Le plus bel endroit au monde qu'il m'ait été donné d'admirer. La montagne verdoyante émergeant du lagon fermé, aux eaux turquoise, avec au pied, les cases sur pilotis. C'est magnifique !

Les Polynésiens nous avaient préparé depuis la veille un tamara'a[40] que nous avons eu le plaisir de partager avec eux, accompagnés de chants polynésiens et d'ukulélés[41]. Ce fut une expérience délicieuse et magique dans un tel environnement. Après ce repas, nous fîmes le tour de l'île en scooter et regagnâmes, à la nuit tombée, le bateau Kéké II, destiné à nous ramener à Papeete par mer. Hélas, comme souvent, la traversée Mooréa-Papeete est très mouvementée à cause d'une mer houleuse avec des creux pouvant atteindre 12 m.

À peine dix minutes après avoir quitté Moorea, la plupart des passagers souffraient du mal de mer. Des seaux prévus pour vomir avaient été distribués. Installé à l'arrière du bateau, à l'air, et résistant au mal de mer, je m'employais

---

40 Plat polynésien, composé de poissons ou de cochon de lait, cuits lentement au sol dans un trou, au feu de bois dans des feuilles de bananiers, recouvertes de sable.

41 Sorte de guitare à cordes pincées, originaire du Portugal et introduite en Polynésie au XIXe siècle.

à vider ces seaux dans la mer. À l'étage inférieur, il y avait les toilettes et un amas de corps malades allongés dans les vomissures. Un triste spectacle à voir.

Michèle avait à peu près tenu le coup et moi aussi. Ce n'est qu'arrivé à notre hôtel que je fus pris de nausées. Je passai une vilaine nuit. Mais quelle traversée ! Nous visitâmes également Bora-Bora, merveilleuse île loin du tumulte. Tour de l'île en Vespa avec un tapis de crabes terrestres sur la piste. Lieu idéal pour séjourner dans une case polynésienne sur pilotis, les pieds dans l'eau.

****

Notre voyage se poursuivit, via les Fidji, jusqu'en Nouvelle-Calédonie. Nouméa, ne présentait pas d'intérêt majeur, mais le nord de l'île offrait des paysages magnifiques. En revanche nous séjournâmes à l'île des Pins, à trois quarts d'heure en avion de Nouméa. Il n'y avait qu'un petit hôtel avec trois cases au confort très sommaire. Pas d'eau courante, rien ! Mais l'impression d'être des robinsons. Une plage de sable blanc très fin pour nous tout seuls, des pins et une multitude de petits serpents d'eau totalement inoffensifs, mais impressionnants. Notre case avait été occupée la semaine précédente par Brigitte Bardot et Günter Sachs alors en voyage de noces. Michèle et moi étions pratiquement les seuls touristes sur l'île. Nous y sommes retournés en 2003. Quel changement ! Des hôtels internationaux y avaient poussé. L'île avait perdu tout son charme.

Cette même année 2003, invités par le Haut-Commissaire de la République, nous avons pu visiter la grande île. Nouméa s'était développée depuis notre première visite, mais l'île en soi était restée aussi jolie, enrichie de ce magnifique musée consacré à l'art kanak.

Nous avons également pu séjourner un week-end à l'île aux Cerfs. Île du domaine privé du Haut-Commissariat. Des fonds sous-marins magnifiques aux poissons de toutes les couleurs, des petits cerfs de Rusa, dits de Java, en quantité et une multitude de lapins, sans oublier les délicieuses huîtres sauvages. Il suffisait de se baisser pour les détacher des rochers à nos pieds. L'avenir politique de la Nouvelle-Calédonie est à ce jour encore incertain. Actuellement dans le giron de la France, elle aurait tout intérêt à résister aux convoitises de l'Australie, de la Nouvelle-Zélande et de la Chine.

IRLANDE, GRANDE BRETAGNE, ALLEMAGNE, GRÈCE

Michèle et moi avions très envie de connaître l'Irlande. En 1980, aux vacances de Pâques, nous optons pour un voyage de pêche à la ligne avec notre fils de dix ans. Aucun de nous n'était pécheur, sauf devant l'Éternel. Nous séjournions dans un *bed and breakfast* tout simple à 4 ou 5 kilomètres d'un beau lac bordé d'arbres et de prairies bien vertes. Notre hôte nous avait fourni des cannes à pêche, des appâts et nous avait expliqué les rudiments de ce sport.

Nous nous rendons de bon matin sur les bords du lac. Un pêcheur est déjà à pied d'œuvre, c'est un Anglais. Voyant notre maladresse à monter les cannes, il se propose gentiment de nous aider. C'est un pro ! Il nous monte une première canne et l'appâte.

Je la donne en premier à Thibault. L'Anglais commence à monter la seconde canne et mon fils lance la sienne dans le lac. À peine dix secondes plus tard, ça mord vivement, il dit à Thibault de ferrer. Celui-ci tire d'un coup sec et ramène un beau brochet. On se dit qu'à cette allure, on va passer une journée fabuleuse. Ma canne montée, je la lance à mon tour dans l'eau, prêt à ferrer. À côté, l'Anglais ayant installé un nouvel appât, mon fils a relancé sa ligne. Immédiatement le bouchon s'agite, Thibault ferre et un nouveau poisson apparaît au bout du fil. Nos espoirs sont intacts. Malheureusement, nos exploits s'arrêteront là. Nous n'avons plus attrapé un seul poisson de la journée ; alors que l'Anglais, à quelques mètres de nous, s'en tirait honorablement.

Le lendemain, nous filâmes vers le Connemara. Quels magnifiques paysages sauvages avec les moutons en liberté.

Quelques années plus tard, nous devions retourner dans ce joli pays pour y chasser la bécasse. Cette fois-ci, nous avions choisi de résider à Ashford Castle, château médiéval du XIIIe siècle, transformé en demeure hôtelière de haut standing. Nombre de présidents et de têtes couronnées y avaient séjourné. Des salons tout en boiseries, à l'ambiance feutrée rendaient le séjour fort agréable. La campagne irlandaise, si verte et quelque peu humide, n'était pas sans me rappeler ma Normandie natale.

****

Tout près de là, nous avons par deux fois visité le Royaume-Uni. La première fois en 1993, notre fils étant alors étudiant à Oxford, nous sommes allés lui rendre visite et avons découvert cette cité, chargée d'histoire et de bâtiments magnifiques. Nous avons poussé jusqu'à Stratford-upon-Avon, pour visiter la maison à colombages de Shakespeare datant du XVIe siècle, puis jusqu'au Pays de Galles pour admirer le château fort de Caernarfon datant du XIe siècle. Impressionnant par son volume et la hauteur de ses murailles.

Plus tard, avec l'Eurostar, nous sommes allés visiter Londres et ses magnifiques monuments. J'en profitai, pèlerinage indispensable, pour me rendre à Carlton Gardens quartier général de la France Libre où le Général de Gaulle avait son bureau et où mon père avait quelques fois porté ses pas. Une petite statue du Général, en bronze, se dresse juste en face de l'immeuble.

****

L'année suivante, toujours pour rendre visite à notre fils, alors étudiant à Berlin, nous nous sommes rendus en

Allemagne. Le mur de Berlin, bien que tombé cinq ans plus tôt n'avait pas encore gommé l'ambiance particulière qui régnait à Berlin Est.

Quel contraste entre la partie ouest à l'opulence occidentale et la partie est aux bâtiments gris et tristes et peu éclairée la nuit. Cependant, l'ambiance à l'Est nous a paru plus sympathique avec ses petits bistrots, ses petits restaurants, ses artistes. Passée la porte de Brandebourg… des immeubles fatigués. Plus aucune trace de la chancellerie d'Hitler, ni de cette sinistre période. En revanche, de nombreuses Trabant[42] circulaient encore sur l'avenue Unter Den Linden.

Impossible de visiter Berlin sans se rendre à la Villa Marlier où s'est tenue la Conférence de Wannsee, le 20 janvier 1942, et où les chefs nazis décidaient de mettre en œuvre la « solution finale » scellant le sort du peuple juif.

Impossible également de ne pas pousser jusqu'à Potsdam pour visiter le magnifique palais rococo Sanssouci de Fréderic II où séjourna Voltaire de 1750 à 1753.

****

Nos pas nous ont amenés à connaître la plupart des pays d'Europe. En plus de ceux déjà cités plus haut, il faudrait

42 Petite voiture toute simple à moteur deux temps fabriquée en Allemagne de l'Est pour permettre aux habitants de se déplacer à faible coût.

ajouter le Danemark, la Finlande, la Russie et la Grèce. Avec Michèle, nous avions pris la décision de ne pas nous rendre en Grèce, ce pays qui m'est culturellement si cher, tant que les Colonels seraient au pouvoir. La dictature des Colonels tombe en juillet 1974 et, en août, nous nous envolons pour Athènes. Ce fut pour moi, comme un retour aux sources, tant j'étais imprégné de la mythologie, des auteurs, des lieux, de la sculpture et de l'histoire grecques. Quelle merveille que ce musée d'Athènes. Une petite croisière à l'île d'Hydra sous un ciel tout bleu, une soirée musicale à La Plaka à Athènes… que de beaux souvenirs !

RUSSIE, FINLANDE ÎLES ALAND

En janvier 2018, cette fois-ci nous partons pour Saint-Pétersbourg, la capitale impériale de toutes les Russies. Une des plus belles villes du monde. Nous sommes en plein hiver ; les toits, les rues sont enneigés, la Neva complètement recouverte de glace. C'est féerique.

Les gens sont aimables, la cuisine russe me convient parfaitement. Nous visitons l'Ermitage, l'un des plus beaux musées du monde ancien palais d'hiver des tsars, la forteresse Pierre et Paul avec sa cathédrale où reposent tous les tsars de la sainte Russie, la cathédrale Saint Sauveur sur le Sang Versé avec ses coupoles recouvertes de plaques dorées et d'émaux multicolores, le musée Fabergé.

Nous visitons aussi le café Pouchkine et la maison du Poète, le croiseur Aurore qui donna le signal de la révolution d'octobre 1917, encore entretenu et en parfait état de naviguer, ancré sur la Neva glacée.

Ici la culture est très proche de la nôtre.

****

Au mois de mai de la même année, je m'envole avec mon fils Thibault pour Helsinki, capitale de la Finlande. J'y étais déjà passé dix ans plus tôt, pour me rendre avec Michèle en Laponie et y faire une randonnée en motoneige au-delà du Cercle Polaire. Cette fois-ci, notre but était tout autre. Rejoindre les Îles Aland, territoire devenu russe après la défaite de la Suède, en 1790, dans la guerre qui l'opposa à la Russie et octroyé à la Finlande après la défaite russe de Bomarsund au cours de la guerre de Crimée en 1854.

Désireuses d'ouvrir un second front, au nord, ouvrant la voie de Saint-Pétersbourg, interdite par la forteresse russe de Bomarsund, l'Angleterre et la France, alliées, conjuguèrent leurs efforts pour faire tomber cette forteresse.

Nous savions dans ma famille qu'un de nos ancêtres était mort dans la Baltique au cours de ce conflit mais nous n'en savions pas plus. C'est un article de Jean-Paul Kaufman, sur les Îles Aland, paru il y a une vingtaine d'années dans le *Figaro Magazine*, qui éclaira notre lanterne. En visitant ces îles et se trouvant aux abords de Bomarsund, il tomba sur une pierre tombale sur laquelle était gravé : « Au commandant A. de Montrion décédé le 28 août 1854 – ses camarades du 12e Léger ».

Mon frère étant décédé entre-temps, je suis donc parti en pèlerinage avec mon fils. Dans le cadre du conflit en 1854, la marine anglaise avait transporté une troupe d'infanterie de marine française, sous les ordres de l'Amiral Alexandre Ferdinand Parseval-Deschênes, chargée de monter à l'assaut de la forteresse de Bomarsund après un bombardement de celle-ci par l'artillerie de marine britannique. La forteresse était tombée et le commandant de Montrion avait perdu la vie au cours de cette expédition militaire.

Arrivés à Helsinki, avec Thibault, nous passons deux jours à visiter la capitale qui, hormis les endroits « branchés », est calme mais un peu morne. Nous la quittons en train pour atteindre, plus au nord, Turku et de là embarquons sur un gros ferry à destination de Mariehamn, capitale du territoire autonome des îles Aland, en plein milieu de la mer Baltique. Multitude de petites îles, sans relief, souvent boisées où la vie est très sereine avec peu de voitures et une population très faible, vivant principalement de l'activité agricole.

Guidés par le conservateur du musée de Mariehamn, nous avons trouvé la stèle de notre ancêtre, y avons déposé une gerbe ornée d'un ruban bleu-blanc-rouge et avons visité les ruines de la forteresse de Bomarsund, installée au fond d'une jolie baie. Ce fut un très beau voyage, à la fois exotique, imprégné d'histoire qui ne pouvait nous laisser indifférents. Vu mon âge, il est peu probable que je puisse retourner dans ces îles mais j'espère que mes petits-enfants auront l'occasion de s'y rendre et de maintenir cette mémoire familiale.

PAKISTAN

En 1983, avec deux amis nous partons au Pakistan chasser le sanglier. Mon fils a douze ans. Je profite des vacances scolaires pour l'emmener avec moi. Nous devons nous rendre à Lahore, ancienne capitale Moghole dans le nord du pays, près du Népal, au pied du massif de l'Himalaya.

Après une nuit passée dans un grand hôtel de Lahore, nous nous rendons encore plus au nord pour atteindre le territoire de chasse.

Nous logerons dans une ancienne école britannique sans aucun confort, sans eau courante. Les Pakistanais, pratiquants d'un islam très dur, veulent endiguer la prolifération des sangliers, animaux maudits.

Ce fut un voyage très risqué et plein d'embûches…

Notre guide, un Français, Bernard Fuentes eut souvent à faire face à des villageois très hostiles. La plupart sont shootés en permanence au haschich, ce qui les rend très nerveux et irritables, quand ce n'est pas à l'héroïne. La chasse était effectuée en battue, comme la plupart du temps, et n'avait rien d'original si ce n'est la proximité des montagnes enneigées de l'Himalaya. Mais je devais faire preuve de vigilance car mon fils de douze ans attisait la convoitise des hommes qui nous accompagnaient et il fallait faire très attention lorsqu'il était à son poste seul avec un Pakistanais. Finalement tout s'est bien passé et il put même abattre son premier sanglier.

Un soir nous rentrons à notre campement et constatons, avec un autre chasseur, que jumelles, appareils photos et autres babioles ont été dérobés dans nos cantines. Nous en faisons part à Fuentes qui va se plaindre de ces larcins au chef du village. Quel n'a pas été notre étonnement, le lendemain soir, de voir ce dernier nous rejoindre dans le réfectoire les bras chargés de tous les objets volés. Interrogé, il nous précisa que le voleur subirait la peine prévue par la charia c'est-à-dire l'oreille coupée, car c'était son premier larcin connu, punition agrémentée d'un certain nombre de coups de bâton.

Dommage pour lui mais finalement nous avons apprécié l'efficacité de l'enquête. De retour à Lahore, nous avons visité le beau palais des rois moghols et ses jardins.
À la sortie, des vendeurs de petits chiens, les bras chargés de bébés de deux mois destinés à être tués et mangés. Moi qui aime tant ces animaux, j'en ai encore la nausée rien que d'y penser. Le Pakistan est une terre d'islam très violente.

La circulation dans Lahore était indescriptible. De vieilles guimbardes toutes penchées, faute d'amortisseurs, des carrioles tirées par des chevaux faméliques, des bœufs, des ânes et même des dromadaires circulant au beau milieu de la ville; le Code de la route était inexistant, c'était à qui forcerait le passage. Nous avons même vu une grosse carriole, tirée par un mulet, prête à se renverser, sans roue d’un côté, roulant sur le moyeu au milieu des camions couverts de chromes et de colifichets.

Ce voyage fut un dépaysement culturel insoupçonnable.

LE QUÉBEC

Depuis toujours, j’avais envie d’un voyage d’aventure au Canada. Au Québec pour être plus précis. J’avais envie de randonnées en motoneige – ski-doo comme on dit là-bas – ou avec des chiens de traîneau, dans de grands espaces tout blancs et, aux étapes, de dormir dans des cabanes avec de bons feux de bois. Croc Blanc et Maria Chapdelaine n’étaient pas loin.

Nous partons donc, ma femme et moi, en janvier 1996 pour Montréal. À l’aéroport, les pistes, le tarmac, les toits, tout est blanc. Nous allons y retrouver une amie d’enfance de Michèle, Evelyne, toutes deux de Saint-Ambroix dans le Gard.

Evelyne avait eu un parcours original et peu commun. Son père, d’origine italienne, de son nom de scène Jean Raffa était un artiste humoriste et fantaisiste qui avait commencé sa carrière en France avant et pendant la guerre de 39-45. Il se produisait alors dans les salles parisiennes et notamment à l’Alhambra. Il y avait côtoyé les artistes de l’époque dont Maurice Chevalier, Charles Trenet et surtout un jeune arménien qu’il avait pris sous son aile et dont, avec Edith Piaf, il avait assuré les débuts, Charles

Aznavour. Marié à une Saint-Ambroisienne, la guerre terminée, il avait programmé une tournée au Québec. Celle-ci eut un tel succès qu'il décida de s'y installer et d'y poursuivre sa carrière. Devenu là-bas une grande vedette, il reçut tous les artistes français qui venaient se produire à Montréal dans le célèbre cabaret « Le Faisan Doré » qu'il animait avec succès; ce fut le cas d'Edith Piaf, Line Renaud, Charles Trenet, Aznavour… et bien d'autres. La télévision s'installant progressivement dans chaque foyer, il devint une grande vedette du petit écran et le resta jusqu'au crépuscule de sa vie. Il fut le découvreur et le lanceur de Félix Leclerc, Gilles Vignaud, Robert Charlebois etc.

Auteur de sketchs à la Fernand Reynaud ou Francis Blanche, il avait un franc succès. Je puis témoigner de son talent, car, venu dîner chez moi à Châteaurenard, il nous gratifia au cours du repas de quelques-uns de ses sketchs et je puis dire qu'il nous a fait pleurer… mais de rire. Un grand talent. Il fut également l'importateur du jeu de la pétanque au Canada.

Pour revenir à sa fille Evelyne, après des études de psychologie, celle-ci décida à l'âge de vingt ans de rentrer dans les ordres. Elle intégra une communauté de religieuses à Montréal et y prononça ses vœux. Elle fut donc bonne sœur durant quelques années.

L'évêque de Montréal, au cours d'une de ses visites à la congrégation, rencontra Sœur Evelyne et là… coup de foudre. Ils tombèrent amoureux l'un de l'autre et demandèrent au Vatican de les relever de leurs vœux.

Ils se marièrent, eurent deux enfants, puis quelques années plus tard divorcèrent. Je les reçus chez moi dans le Gard. Elle, bout en train, drôle, joyeuse n'était pas assortie à son évêque, plutôt trop sérieux. Aujourd'hui à plus de quatre-vingts ans elle joue encore au théâtre ou au cinéma et vient de donner un magnifique récital de chansons poétiques dans une salle connue de Montréal.

Mais revenons à nos moutons. Arrivés à l'aéroport, Evelyne nous attend et nous fait visiter la ville, connaître les bons restaurants. Nous la quittons deux jours plus tard pour rejoindre, à 300 km de là, la base de location des motoneiges dans les Laurentides. La neige abondante, recouvre tout de blanc. On nous équipe de grosses combinaisons, de gants fourrés et nous passons une nuit de repos à la pourvoirie dans une chambre confortable avec son feu de cheminée et son jacuzzi. Le lendemain, avec deux motoneiges compagnes de route, Michèle et moi partons pour un périple de 1 000 km au nord des Laurentides.

Certes, la température est basse mais, bien équipés, nous n'avons pas froid. Nous fonçons à assez vive allure surtout dans les espaces clairs et sur les lacs gelés, et plus lentement lorsqu'il nous faut faire du slalom, en forêt, entre les arbres.

Le soir nous rejoignons une pourvoirie qui a mis à notre disposition un chalet de bois équipé d'une cheminée ou d'un poêle, la plupart du temps au bord d'un lac. Un tas de bûches a été préparé à notre intention mais c'est à nous d'allumer le feu. Nous dînons dans la salle commune de la pourvoirie. Ambiance très chaude et gaie.

Au cours de notre périple, nous rejoignons de bon matin un propriétaire de chiens de traîneau. Michèle part avec un musher et moi, seul avec ma meute de dix chiens. Une balade en traîneau est une expérience inoubliable. L'attelage des chiens d'abord, qui n'est pas chose facile, puis le démarrage. Les chiens qui adorent courir, s'agitent d'impatience ; les rênes sont tendues, un gros crochet en fer est planté dans la neige, à l'arrière du traîneau, pour résister à leur traction. C'est le « frein de stationnement ». Pour s'élancer, il faut sortir le frein d'un seul coup et là, il faut s'accrocher. Le traîneau est propulsé brutalement. Les chiens courent « à fond la caisse » mais quel plaisir de se retrouver seul dans cette immensité blanche, entouré d'un silence total brisé par ces chiens qui cavalent devant vous, avec le vent qui vous siffle aux oreilles.

Au cours de cette journée, il m'est arrivé deux pépins. Le premier : lors d'un slalom entre les sapins, mon traîneau a heurté un arbre et m'a éjecté. Il faut savoir que, dans un tel cas, les chiens ne s'arrêtent pas, au contraire, le traîneau libéré de votre poids se trouve allégé et ils accélèrent l'allure. Vous pouvez toujours appeler, l'attelage ne s'arrête jamais avant son épuisement.

Par bonheur pour moi, le traîneau, s'étant renversé, vint à se coincer entre deux arbres et stoppa les chiens. Je le retrouvai après seulement dix minutes de marche dans la neige mais je commençais à m'inquiéter. Le reste de la journée, ensoleillée, s'était merveilleusement déroulé mais, l'hiver, la nuit tombe tôt dans le grand nord. Après une courte pause d'un quart d'heure, il me fallait repartir. Nouveau problème ! Une chienne étant tombée en chaleur, les chiens, à la pause, emmêlèrent leurs cordes et à peine avais-je remis un chien en ordre dans l'attelage qu'un autre s'emmêlait à nouveau. La nuit s'installait, ça commençait à devenir inquiétant. Finalement, au bout d'une demi-heure et non sans peine, j'ai pu remettre l'attelage en ordre et regagner, la nuit tombée, la ferme du départ. Pour Michèle, avec son musher professionnel, la journée s'était déroulée sans encombre.

Les jours suivants, nous poursuivîmes notre balade en ski-doo, rencontrant, au hasard, des cerfs, des daims, des élans, avec des étapes en pourvoiries toutes plus sympathiques les unes que les autres ; mais fatigués tout de même après 1 000 km sur ces engins.

Retour à Montréal, dernier dîner avec Evelyne et, après une bonne nuit réparatrice, embarquement pour Paris, laissant derrière nous cet accent si caractéristique, si charmant pour moi car il me rappelait beaucoup l'accent des vieux Normands de mon enfance.

ARGENTINE, URUGUAY

L'Amérique du Sud m'était encore inconnue lorsque je fis mon premier voyage en Argentine, en 1985.

J'y retrouvai mon guide de chasse Bernard Fuentes, qui, accompagné de deux amis, me fit chasser le canard et le perdreau au nord du pays, près de la ville de Rosario. Les canards abondaient dans les zones marécageuses bordant le Rio de la Plata ainsi que les perdreaux dans les plaines cultivées et les pampas voisines.

Atterris à Buenos Aires, car nous avions préalablement décidé d'y passer quelques jours pour visiter la ville, nous notions qu'un climat particulier régnait sur celle-ci. Une ambiance lourde, calme dans la journée mais agitée la soirée venue avec des manifestations en plusieurs points de la ville. La raison ? Une inflation galopante, autour de 350 %, un peso argentin qui s'écroulait engendrant une profonde misère et une crise économique sans précédent.

Raoül Ricardo Alfonsin ayant succédé au régime militaire, s'avérait incapable de redresser le pays et les argentins commençaient à reporter leurs espoirs sur le parti péroniste.

Nous logeons à l'hôtel Libertador sur l'Avenida de la Libertad, à deux pas de la rue Florida, la rue du Faubourg Saint Honoré de Buenos Aires. Tous les magasins de luxe, dont les français, ont pignon sur rue dans cette petite artère d'environ 1 km de long. Toutes les grandes marques françaises et internationales sont là, les grands couturiers, les bijoutiers également. Mais les prix sont bien inférieurs à ceux de Paris et, avec l'inflation galopante, n'arrivent plus à suivre. Les étiquettes changent toutes les heures, et pour nous, avec nos francs ou nos dollars, ça n'est vraiment pas cher.

Dans la soirée, d'immenses manifestations parcourent le centre de la ville avec, en tête, ces grands tambours sud-américains si caractéristiques qui rythment la progression de la foule, qui crie des slogans à la gloire des Pérons. Ambiance pré-révolutionnaire.

Nous dînons dans des restaurants de viande grillée, succulente. Jamais je n'ai goûté d'aussi bonne viande de bœuf qu'à Buenos Aires. Et pour finir la soirée, rien de mieux qu'une virée dans une boîte de tango argentin où l'on chante toujours les airs célèbres de Carlos Gardel.

Buenos Aires est finalement une ville très européenne, avec une forte population d'origine italienne. À l'inverse, dans les campagnes, la population est plus autochtone, un mélange d'Indiens et d'Espagnols, et assez pauvre.

Quant au but de ce voyage, la chasse, elle fut fructueuse tant la densité de canards et de perdreaux était importante.

Je retournai en Argentine l'année suivante, toujours pour chasser, cette fois-ci à une centaine de kilomètres au sud de Buenos Aires près de Lobos au milieu de la pampa.

Nous logions dans une estancia et chassions principalement le perdreau. Il y avait aussi beaucoup de petits chevaux dans cette terre de gauchos. Cavalier, c'était un plaisir pour moi de galoper dans ces immenses prairies.

Mais ce n'était pas sans danger. Le sol de la pampa était parsemé de tourbières et de gros trous enfouis sous les hautes herbes. Au galop le cheval trébuchait souvent et l'on risquait de tomber. Autre danger : les clôtures de fil barbelé que l'on ne découvrait qu'au dernier moment. J'étais un cavalier de longue date habitué à caracoler dans nos garrigues cévenoles mais je n'ai jamais eu aussi peur que ce jour-là en Argentine. Mon cheval, je ne sais pour quelle raison, s'est emballé. Impossible de l'arrêter ni même de le ralentir. Il sautait par-dessus les clôtures. Il allait là où il voulait. Je ne pouvais plus le diriger. J'avais beau essayer de le « cisailler » avec le mors, tirer les rênes à fond, rien n'y faisait. Il essayait de me débarquer et j'ai bien failli tomber deux ou trois fois. Par chance, j'ai pu rester en selle et, au bout de 2 kilomètres environ, le cheval s'est calmé et a de nouveau obéi à mes ordres. Mais quelle belle frayeur !

Ce pays est fascinant, varié avec en plus de bons vins.

J'aurais aimé y retourner et connaître la Patagonie mais c'est si loin…

****

Quand je quittai l'Argentine, c'était pour me rendre en Uruguay toujours pour chasser le perdreau.

Après une escale à Montevideo, nous logeâmes dans une petite estancia où avait résidé durant la Seconde Guerre mondiale le poète franco-urugayen, Jules Supervielle.

Le temps semblait s'être arrêté dans ce pays très francophile. Le parc automobile était composé de très anciennes voitures en grand nombre. Les mœurs étaient restées identiques à ceux de la fin du XIXe siècle chez nous. La modernité, le progrès, n'avaient pas encore touché ce pays, peu peuplé mais non sans charme.

MEXIQUE

Michèle, qui parle l'espagnol, avait très envie de connaître le Mexique. Dans les années 70, nous organisons ce voyage et partons tous deux pour Mexico.

Arrivés là-bas, nos valises ne sont pas là. Nous gagnons l'hôtel Présidente, le plus grand hôtel de la ville, sur les Campos Elyseos, en face du magnifique musée national d'anthropologie de Mexico.

Après le déjeuner au restaurant de l'hôtel, nous partons acheter des sous-vêtements de rechange – nous sommes toujours dans notre jus depuis le départ de Paris – sur un marché à proximité de la basilique Notre-Dame de la Guadalupe et en profitons pour visiter cet édifice si caractéristique des églises d'Amérique latine. Il nous faut attendre deux jours avant de récupérer nos bagages. Entre-temps, nous avons visité la ville et bien sûr le musée national d'anthropologie, sommes allés dîner place Garibaldi pour écouter les mariachis. Cependant, Mexico est une immense cité dangereuse, surtout la nuit, et la police est très corrompue. Nous avons visité Taxco, la cité de l'argent avec ses bijoutiers très habiles pour travailler ce métal.

Avec des voitures louées, mais en très mauvais état mécanique, nous sommes allés admirer les cités Mayas : Chichén Itzá entre Valladolid et Merida, Palenque dans le Chiapas et Uxmal dans le Yucatán près de Merida. Toutes ces anciennes cités témoignent d'une culture maya très développée qui s'est éteinte brutalement après l'invasion des conquistadors.

Les Mexicains se sont montrés très machos, au point de ne même pas répondre à ma femme lorsqu'elle s'adressait à eux en espagnol. C'est le peuple le moins sympathique qu'il m'ait été donné de rencontrer dans mes voyages. De plus, les vins mexicains sont imbuvables, une piquette pisseuse. Pour garder une meilleure idée du pays, nous nous sommes envolés pour Acapulco, la grande cité balnéaire chic, ouverte sur l'océan pacifique. Les langoustes et homards y sont délicieux… accompagnés de vin blanc français.

Je n'ai pas vraiment envie de retourner dans ce pays.

LA CHINE

Nous étions déjà passés à Hong Kong en 1969 lors de notre tour du monde. Ce territoire était encore sous concession britannique. Ce qui frappait, c'était cette foule grouillante, cette ville riche, très capitaliste mais ayant su garder toutes ses traditions chinoises. En se rendant en voiture, à travers les Nouveaux territoires, à Canton, ville communiste, le contraste était saisissant. La frontière franchie vous traversiez une campagne rurale très arriérée et pauvre, avec des paysans déguenillés, aux dents toutes cariées, sans machines agricoles, sans même de tracteurs. Ces pauvres malheureux travaillaient la terre de leurs mains avec des outils d'un autre âge. À 50 kilomètres de là, la ville de Hong Kong, bruyante, besogneuse, affichait une richesse totalement occidentale. Toutefois, une excursion au port de pêche d'Aberdeen vous replongeait dans une atmosphère complètement chinoise. C'était impressionnant de voir ce port, à la surface totalement recouverte de jonques. Celles-ci ne pouvaient se mouvoir et se frayer un chemin, qu'en poussant les autres embarcations pour se glisser entre elles. Nombre de ces jonques étaient tout simplement des lieux d'habitations.

Une trentaine d'années plus tard, l'envie de visiter Pékin (Beijing en chinois) nous prend. En 1999, la Chine s'est un peu modernisée mais demeure encore très traditionnelle. Quelques voitures parcourent les grandes avenues. De grosses Audi, BMW et Mercedes pour les princes du régime et des Citroën (elles sont fabriquées en Chine) pour la haute bourgeoisie. Des vélos pour le peuple. Une multitude de vélos qui occupent presque toute la largeur de la chaussée. Surprenant dans ce pays totalitaire, les cyclistes prennent de grandes libertés avec le Code de la route. Il est fréquent de les voir rouler à contresens sur un rond-point pour couper au plus court, au nez même d'un agent de police qui ne dit rien.

Nous visitons par deux fois la Cité Interdite, tant elle est vaste et intéressante. Le film *Le dernier empereur* est présent à notre esprit. Le trône de Puyi nous est familier. L'entrée de la Cité Interdite, sur un côté de la place Tian'anmen, est surmontée d'un immense portrait de Mao. En face, de l'autre côté de la place, le Palais du Parlement et le Mausolée de Mao. Des files de gens piétinent pour atteindre le Mausolée et défiler devant la dépouille du « Grand timonier ». Au préalable, ils ont acquis une rose rouge, achat obligé, qu'ils vont déposer aux pieds de leur ancien maître ; roses qui seront récupérées et revendues aux suivants en permanence.

Nous avons dû faire comme eux pour nous approcher de Mao. Il nous a paru très grand mais la peau et le teint de son visage traduisaient un état de conservation médiocre. Nous avons visité le Palais d'été, le Temple du soleil, le métro qui est très propre et très luxueux habillé de marbre et nous avons pris une journée pour aller voir la Grande Muraille et une autre journée pour visiter Pékin à vélo.

C'est vraiment très impressionnant. À Pékin, des chantiers un peu partout, des constructions qui avancent à vue d'œil, un monde grouillant.

Nous sommes revenus en Chine en décembre 2013 pour effectuer une croisière sur le Yang-Tsé-Kiang, entre Shanghai et Chongqing via Nankin, Wuhan et le barrage des trois Gorges.

Voyage fabuleux dans la Chine profonde. Nous avons pu voir la différence entre 1999 et 2013. Moins de vélos, remplacés par des scooters et, en ville, des voitures de toutes marques comme en occident.

Les campagnes sont toujours très pauvres mais les villes sont très occidentalisées.

Entre Nankin et les Trois Gorges, tout le long du Yang-Tsé, de grands immeubles en construction ou construits mais vides d'habitants, même en pleines zones rurales.

Tout est immense et démesuré dans ce pays d'une autre dimension et en pleine évolution.

THAÏLANDE, SRI LANKA, PHILIPPINES, MALDIVES

En 1969, nous avions programmé une visite de la Thaïlande à la fin de notre tour du monde.

Cet ancien royaume de Siam n'était pas encore ouvert aux touristes comme il l'est de nos jours. Par malchance, une tentative de coup d'État militaire à Bangkok nous avait contraints à être consignés à notre hôtel. Je réussis néanmoins à m'échapper pour voir ce qu'il en était et satisfaire ma curiosité. Pratiquement plus de circulation automobile dans les rues, ni de « trucs » (taxis scooters) et des barrages militaires, avec des chars, à chaque carrefour important. Peu de tirs et pas de combats. Tout semblait se jouer au niveau de l'état-major des armées et du palais royal. Trois jours plus tard, tout était rentré dans l'ordre et nous pûmes visiter le Bouddha d'Émeraude, le Bouddha Couché, le Bouddha d'Or, et l'ancien Palais royal avec ses stupas, le zoo avec serpents et animaux exotiques, les marchés installés sur les canaux etc.

La vie nocturne y était trépidante avec ses petits restaurants, ses boîtes de nuit. Nous y sommes repassés une dizaine d'années plus tard, même atmosphère bruyante et grouillante, mais de nombreuses constructions en hauteur, tours et gratte-ciel.

Une population aimable et courtoise très ouverte sur le tourisme.

****

Les îles Maldives, ses atolls de sable au ras de l'eau nous tentaient beaucoup à la fois pour leur isolement, une vie à la Robinson au bord de l'eau et pour la beauté de leurs fonds sous-marins à la faune pléthorique et multicolore. Fin des années 70, après des escales de quelques jours au Sri Lanka et aux Philippines, à Manille, nous séjournâmes sur l'île de Rihivili.

Aucune population autochtone. Seules quelques cases rustiques étaient installées au bord du lagon. Le tourisme commençait tout juste à se développer mais c'était plutôt spartiate. Néanmoins, c'était l'occasion de décompresser d'une année de dur labeur car hormis les bains de soleil et la plongée sous-marine, il n'y avait rien d'autre à faire à part le tour de l'atoll – 1 km – et se plonger dans la lecture.

Nous retournâmes aux Maldives dans les années 90. C'était devenu une destination touristique luxueuse et onéreuse, avec des cases sur pilotis. Mais rien de changé sur le fond.

Ces îles émergent à 1 ou 2 m au-dessus du niveau de la mer et sont, hélas, appelées à disparaître rapidement sous les eaux, avec la montée du niveau des océans due au réchauffement climatique.

Ce petit pays de 400 000 habitants est composé de 1 199 îles dont seules deux cent deux sont habitées.

USA

C'est un fait ! Avec Michèle nous n'avons jamais eu d'attirance particulière pour les USA.

La culture ou plutôt l'inculture du peuple américain n'y sont pas pour rien.

En 1969 déjà, à notre premier contact avec Los Angeles, nous n'avions pas aimé ces avenues immenses rectilignes à perte de vue, ces fast-foods qui devaient par la suite gagner la France, très peu pour nous.

Toutefois en 2018, nous décidons de nous rendre une semaine à New York pour nous faire une idée plus précise. Notre hôtel, situé à Manhattan dans la 6e avenue est central et permet de se rendre à pied à Broadway à Central Park, à Times Square, au Metropolitan Museum, à Moma.

Le Metropolitan Museum est un très beau musée riche en peintures.

Incontournable : l'ascension de l'Empire State Building chef-d'œuvre de l'art déco avec ses cent deux étages et une vue à 360° sur toute la ville de New York. De nuit c'est féerique.

En métro nous sommes allés visiter Soho, le Queens et Greenwich Village avec ses cafés, bars et restaurants.

Écouter les gospels à Harlem, se rendre à Long Island pour voir la Statue de la Liberté et le Pont de Brooklyn, se recueillir à Ground Zero emplacement des tours du World Trade Center, voilà nos principales visites.

Cependant, à notre grande surprise le métro est vieux, sale, plein de papiers et de rats ; les cuisines des restaurants et les toilettes manquent d'hygiène et la nourriture américaine est infâme, sauf à choisir des restaurants français ou italiens fort onéreux.

Un pays plein de contrastes qui ne nous donne pas envie d'y vivre.

LES ANTILLES

Étudiant à Montpellier, j'entretenais des liens étroits avec les communautés antillaise et guyanaise. Il se trouve que je les soignais pratiquement tous. Aussi, naturellement, je voulais connaître ces contrées idylliques.

C'est ainsi que nous partîmes pour la Guadeloupe, pour Saint François plus précisément. La visite de l'île – Pointe à Pitre, Sainte Anne, La Soufrière – agrémentée d'un séjour au Club Méditerranée nous donna envie d'y revenir quelques années plus tard et de pousser jusqu'à l'île de la Dominique à quarante minutes de vol de Pointe à Pitre. La capitale, Roseau, est un gros bourg aux maisons créoles très colorées. Cette île ne fait pas partie des destinations touristiques et est fort peu développée. Les plages sont composées de gros sable volcanique noir. Son originalité : des sources naturelles d'eau chaude, en pleine forêt tropicale dans lesquelles on peut se baigner. C'est très agréable.

Quelque temps plus tard, nous nous rendons en Martinique, à Sainte Anne, au Club Méditerranée.

Les plages sont belles – ce qui n'est pas le cas en Guadeloupe – idéal pour le farniente et le bain de soleil. Et qui séjourne au club en même temps que nous ? Guy Roux et son équipe de football d'Auxerre. C'était quelqu'un de très gentil, accessible, avec qui on pouvait échanger en toute simplicité. Mais en revanche il avait l'autorité nécessaire pour tenir ses hommes d'une main ferme.

Fort de France, petite ville, gardait son aspect postcolonial et provincial. Le marché couvert en revanche était bruyant et coloré.

En 1991 nous partons pour un séjour de vacances à Punta Cana en République dominicaine. Séjour purement balnéaire et de farniente. Pour finir, à la fin des années 1990, Michèle et moi allons passer une semaine de repos et de plage sur l'île franco hollandaise de Saint Martin. Rien à voir avec la Guadeloupe et la Martinique, l'île est couverte de villas et les espaces verts y sont rares.

Nos deux départements français, sont de loin, les plus intéressants.

AUSTRALIE

En 2003, nous partons pour Sydney en Australie avant de nous rendre en Nouvelle-Calédonie.

Nous n'avons malheureusement pu visiter que la région de Sydney et la ville. L'incontournable opéra de Sydney installé au creux de la baie, est tout à fait remarquable, tel une figure de proue s'avançant dans la mer. D'architecture audacieuse et moderne, il attire l'œil immédiatement. La ville de Sydney par elle-même est une belle ville européenne qui ressemble à nombre de nos grandes villes mais d'une grande propreté. Les restaurants, dans le port, regorgent de langoustes et de homards, fort bien préparés et à un prix très raisonnable.

Sortis de Sydney, des forêts d'eucalyptus à perte de vue, peuplées de kangourous et de koalas, cousins des paresseux.

À Sydney, nous logions dans un hôtel bordant le port. Cependant, l'ambiance était un peu lourde. La guerre en Irak venait d'être déclenchée et partout des télévisions, à longueur de journée, déversaient leur flot d'images, illustrant l'avance foudroyante des troupes américaines et de ses alliés, dont l'Australie.

Les Français n'étaient pas particulièrement bienvenus du fait du refus de Jacques Chirac, preuve de son bon sens et de sa lucidité, de se laisser entraîner dans ce conflit. L'avenir devait lui donner raison, mais pour les Australiens qui, de plus, avaient des visées sur notre nickel de Nouvelle Calédonie, la France n'était plus considérée comme un allié fiable de l'occident.

Pour visiter l'intérieur de la région de Sydney, nous louons une voiture avec pour guide une jeune fille fort sympathique.

Nous roulons sur des routes toutes droites mais vallonnées sans rencontrer le moindre village, la moindre maison, avec l'impression d'être seuls sur cette île-continent. De temps en temps nous croisons un véhicule mais un sentiment de lassitude nous gagne. Nous faisons quelques haltes pour admirer un paysage, observer un groupe de kangourous qui s'ébattent dans la forêt sans faire cas de notre présence. Mais cette forêt d'eucalyptus bouche toute perspective.

Nous aurions aimé aller vers le nord, vers la Grande Barrière de corail ou bien vers l'intérieur rencontrer des aborigènes mais nous étions attendus à Nouméa et n'avions pas le temps de parcourir d'aussi grandes distances. Le peu d'autochtones que nous rencontrâmes sur ces routes solitaires nous fit davantage penser à des cow-boys américains ayant remplacé leurs chevaux par de gros pick-up qu'à des habitants de notre vieille Europe.

Nous avons dû malheureusement quitter cet immense et fabuleux pays avec le sentiment d'un voyage inachevé et le désir d'y revenir pour poursuivre sa découverte. Mais c'est si loin…

RÉUNION, ÎLE MAURICE

Au milieu des années 80, ma fille Marina, kinésithérapeute, et son mari, architecte, allèrent s'installer à la Réunion. C'est donc tout naturellement, qu'avec ma femme nous nous envolâmes en 1997 pour Saint Denis, afin de leur rendre visite.

Guidés sur place par mon gendre, nous avons visité tous les sites importants de cette île-département : sa forêt tropicale, ses récifs de corail, ses plages dont celle de Saint Gilles et le fameux Piton de la Fournaise, volcan très actif qui s'élève à 2 632 m d'altitude.

Visite des villes de Saint-Denis, Saint-Pierre, Saint-Paul, la Possession, le Tampon, Saint-André, Cilaos. Visite des sites de Salazée, L'Étang-Salé, le cirque de Mafate. Nous résidions sur les hauteurs de Saint-Denis, à la Montagne.

La vie à Saint Denis y était assez trépidante avec des embouteillages dignes de nos grandes métropoles. La population très métissée était plutôt sympathique et bon enfant.

****

Après une visite complète de l'île, nous nous rendîmes à l'île Maurice à une heure de vol de la Réunion. Nous séjournâmes au Touesrok, superbe hôtel en face de l'île au Cerfs, petite île charmante avec une superbe plage.

Nous avons pénétré le centre de Maurice en voiture et avons pu constater l'influence harmonieuse des cultures indienne, bouddhique, ceylanaise et européenne. L'hôtel ayant organisé un match de football avec les villages des alentours, je disputais le dernier match de ma vie. Ce fut assez dur de tenir les quatre-vingt-dix minutes pour le quadragénaire que j'étais. Le souffle me manquait et mon sprint n'était plus ce qu'il était. Mais cette rencontre sportive fut tout de même très sympathique.

L'année suivante, je revins à la Réunion visiter ma fille et mes petites-filles et retrouver un ami de longue date.

Devinez qui ? Le colonel Jacques Gardien, alors en retraite, ce dernier m'offrit un vol de deux heures en hélicoptère.

Partis d'un aérodrome en bord de mer, nous avons survolé toute l'île, avec les sensations fortes idoines. Plongée dans le cirque de Mafate, Cilaos et survol du cratère de la Fournaise.

Une seconde escapade à l'île Maurice vint clore ce voyage.

VIETNAM, CAMBODGE

Nous étions déjà passés dans ces pays en pleine guerre du Vietnam en 1969 et avions très envie de les visiter plus profondément. Ce fut le cas en 2013.

Nous choisîmes comme porte d'entrée Hanoï. Les traces de la présence française y étaient encore nombreuses : les bâtiments administratifs, les habitations et l'agencement des rues avaient peu changé. Le contact avec les Vietnamiens ne souffrait d'aucun ressentiment à l'égard des Français. La ville avait peu changé hormis l'immense mausolée à la gloire de Hô-Chi-Minh et l'immense avenue attenante.

En revanche, Hanoï était devenue une ville trépidante avec une quantité de scooters extraordinaire. La pollution était intense. La ville était vivante, commerçante, dynamique.

Après une croisière dans la baie d'Along, nous gagnâmes le sud par avion et Hô-Chi-Minh-Ville (ancienne Saïgon).

L'hôtel des Postes construit par Gustave Eiffel, la cathédrale, témoignaient des heures fastes de la présence française et rien n'avait changé hormis la construction de quelques grands hôtels internationaux dont le nôtre, l'hôtel Lotte.

La ville était restée dans son jus, la rue Catinat, devenue rue Tu Do, était toujours là, les maisons d'époque aussi.

Français, nous étions les bienvenus. Ce fut d'un grand intérêt de visiter le musée de la Résistance Viêt-cong et le palais moderne – Gia Long – de l'ancien président du sud Vietnam, Ngô Dinh Diêm.

Les images de la débâcle américaine devant l'avancée des troupes viêt-cong nous revinrent à l'esprit. Jeeps et chars étaient restés là, abandonnés dans le parc du palais comme autant de témoignages de la fuite des troupes américaines et de leurs amis.

À l'instar d'Hanoï, les rues de Saïgon grouillaient de scooters. Aux feux rouges cette masse prête à bondir était très impressionnante.

Beaucoup de gens parlaient encore le français surtout parmi les personnes âgées. Il était gratifiant pour nous de savoir que notre pays, la France, avait laissé une empreinte culturelle importante, respectée et vénérée.

****

D'un saut de puce en avion, nous avons rejoint Phnom Penh, capitale du Cambodge. Quelle jolie ville, installée sur les rives tranquilles du Mékong. Partout des temples aux toits dorés, le Palais royal et aussi l'ambassade de France dans laquelle se situe l'action de cet excellent film *La déchirure*, illustrant la prise de pouvoir des Khmers rouges de Pol-Pot.

À présent, le Cambodge, sous l'égide de son roi, est un petit pays calme qui se reconstruit dans la paix. Des excursions aux temples d'Angkor et au site de Siem-Reap ne laissent de nous étonner, tant cette culture faisait preuve d'un raffinement, très exotique pour nous, témoignant d'une grande civilisation encore très méconnue. Il faudrait des semaines pour espérer approcher cette culture. Néanmoins, nous sommes repartis du Cambodge éblouis.

Les Cambodgiens ne souhaitaient pas trop évoquer la période noire des Khmers rouges. Ils en avaient trop souffert et préféraient se projeter dans l'avenir.

ÉGYPTE

Pour tout esprit assoiffé de culture, la remontée du cours du Nil s'avère un pèlerinage incontournable.

Certes, les pyramides représentent un témoignage extraordinaire de la puissance des pharaons mais c'est à partir de Louxor, ancienne Thèbes, que l'on s'imprègne réellement de cette culture de l'ancienne Égypte. À Louxor, le temple de Karnak, particulièrement riche et vaste, est encore loin d'avoir livré tous ses secrets ; il faudrait des jours et des jours pour commencer à en découvrir les mystères. À partir de Louxor : excursion incontournable au magnifique temple d'Hatchepsout creusé dans la roche et visite des tombes des Vallées des Rois et des Reines.

Plus au sud, à Edfou, le temple d'Horus est l'un des temples les mieux conservés d'Égypte.

Encore plus au sud, nous avons admiré le temple de Philae, le barrage d'Assouan et le temple d'Abou Simbel.

Ce patrimoine de l'ancienne Égypte, d'une richesse incomparable, peut être considéré comme le témoin du passage de l'humanité de l'ère préhistorique – néolithique – à l'ère historique vers 3150 avant Jésus-Christ, date à laquelle le roi Namer décida d'unir le nord et le sud de l'Égypte pour former un seul royaume.

Le Nil constitue le cordon ombilical sur les rives duquel s'installèrent les hommes dès le néolithique. Trente dynasties de rois se succédèrent pour régner sur le royaume d'Égypte jusqu'à la conquête du pays en -31 avant Jésus-Christ, par Rome.

Remonter la vallée du Nil ne ressemble à aucun autre voyage. Un climat particulier vous étreint. D'instinct nous ressentons que c'est ici qu'est né notre ancêtre l'homme moderne, ici qu'il est entré dans l'histoire.

Le barrage d'Assouan est un ouvrage colossal et le déplacement, pierre par pierre du temple d'Abou Simbel, pour le mettre hors d'atteinte des eaux, relève d'une entreprise titanesque.

Le survol de l'immense lac artificiel Nasser, gagné sur les sables du désert est aussi très impressionnant.

En approchant d'Assouan nous pensons à Agatha Christie et à son roman *Mort sur le Nil.*

Quelques années plus tard nous sommes revenus en Égypte, à Hurgada, au bord de la Mer Rouge pour un séjour balnéaire. Des dizaines d'hôtels de luxe étaient en construction tout le long de cette plage mais les travaux étaient arrêtés. La plage n'était pas belle et encombrée de plastiques et objets divers. Une grande pauvreté régnait à l'intérieur du pays, l'insécurité commençait à s'installer entraînant une chute importante du tourisme, toujours d'actualité.

TURQUIE

À quatre reprises nous nous sommes rendus en Turquie. Une première fois, dans les années 70, nous sommes allés visiter Istanbul, sur les traces de Pierre Loti. Logés à l'hôtel Hilton, nous avons visité la ville, la basilique Sainte Sophie, le détroit du Bosphore et la Corne d'or, le Grand bazar etc.

Les islamistes d'Erdogan n'étaient pas encore au pouvoir, la société semblait relativement libre.

Quelques années plus tard, nous partîmes de Bodrum pour une croisière d'une semaine à bord d'un caïque en Mer Égée, le long des côtes turco-méditerranéennes. Nous vivions à bord en toute décontraction avec quelques arrêts à terre pour visiter tel ou tel site. Ce furent des vacances très agréables et dépaysantes.

Au début des années 2000 nous avons repris la destination de la Turquie pour visiter l'Anatolie et la Cappadoce, sur le chemin des premiers chrétiens. Ce fut très émouvant de découvrir ces premières chapelles troglodytes, ces bancs et ces tables communes en pierre, ces peintures polychromes à la gloire du Christ et de ses apôtres au sein de vallées calcaires déchirées. Émouvant de glisser nos pas plus de 2000 ans après, dans ceux de l'apôtre Paul de Tarse. Tous ces sites sont admirablement conservés et rien ne semble avoir changé depuis vingt siècles.

Dans cet extraordinaire paysage déchiré il faut avoir vu « les cheminées de fées » et surtout la petite cité de Göreme, bâtie au milieu d'un imbroglio calcaire avec ses habitations troglodytes. Il faut voir ces dizaines de montgolfières multicolores survolant la Cappadoce et particulièrement la région de Göreme. Fabuleux !

Plus au sud-ouest sur la route d'Antalya, la ville religieuse de Konya avec son musée consacré à l'islam et le Caravansérail de Sultan Hani superbement conservé.

Toujours sur la route d'Antalya, cité balnéaire, nous avons pu admirer le magnifique théâtre d'Aspendes très bien conservé ainsi que le site hellénique de Pergame.

Nous devions revenir à Istanbul dans les années 2010. Erdogan était au pouvoir et ce souffle de liberté que nous avions connu dans les années 70 s'était dissipé. Le régime politique s'était durci et les libertés individuelles avaient rétréci comme peau de chagrin.

Sainte Sophie n'avait pas encore été transformée en mosquée mais partout le poids de l'islam se faisait sentir, contre la volonté de nombreux Turcs laïcs mais contraints au silence.

Hormis ce climat politique particulier, peu de choses avaient changé. Le Grand bazar, le Bosphore opéraient toujours du même attrait.

ÉPILOGUE

Écrire cet ouvrage m'a permis de faire un retour sur ma vie. Pas un retour sur ma vie intime – cela n'intéresserait personne – mais un témoignage sur les évènements vécus, les personnages rencontrés et l'évolution d'une société qui s'est transformée très rapidement. Pour un octogénaire comme moi, prêt à s'adapter, ce n'est pas toujours facile de suivre, mais, croyez-moi, je fais des efforts.

Cependant, je m'inquiète pour l'avenir de ma patrie, cette belle France que j'aime. Je vois son déclin s'accentuer, économique et culturel, sa perte de prestige. Notre belle langue est mise à mal notamment par l'écriture inclusive, cette aberration.

Je vois nos racines culturelles, gréco-latines et judéo-chrétiennes sapées par le wokisme. Pour mon fils et mes petits-enfants, je garde l'espoir d'un sursaut, d'un redressement.

Toutefois, à cet âge avancé, sans renier le passé, mes préoccupations ne sont plus les mêmes que celles de ma jeunesse. J'ai pris beaucoup de distance avec « le matériel », le reléguant au second plan, pour m'intéresser davantage au « spirituel ».

Élevé dans une famille catholique, ayant été confié dans ma toute jeunesse à des établissements d'enseignement privé, à l'adolescence, je pris mes distances avec la religion. Non pas que j'étais contre, mais ce n'était plus ma préoccupation majeure. Emporté par la pratique du quotidien, par mes occupations professionnelles, universitaires, diplomatiques et électives, je ne prenais guère le temps de m'intéresser aux questions existentielles, aux questions métaphysiques.

À présent, avançant dans l'âge, je pense que ces interrogations s'installent d'elles-mêmes.

Non pas que la mort me hante vraiment. Je sais qu'elle est inéluctable et fait partie de la vie. Non pas que je craigne l'enfer. Non ! Malade de l'âme, je cherche Dieu qui est tout amour pour l'homme, qui promet la résurrection. Car le souhait le plus ardent après la mort est de retrouver les êtres chers que nous n'avons cessé d'aimer depuis leur départ.

Je n'ose imaginer dans quel transport de joie, je serai plongé en retrouvant les miens, parents et amis, en retrouvant mes chiens. Si l'on croit en l'immortalité de l'âme tout cela est parfaitement logique.

Le frère de mon père, mon oncle donc, notaire à Offranville en Seine-Maritime, avait été fait prisonnier en 1940 et était resté en captivité jusqu'au milieu de l'année 1946. Après trois tentatives d'évasion, les Allemands l'avaient transféré dans un stalag[43] très à l'est, ce qui, le camp ayant été libéré par les Russes en 1945, lui avait valu de passer un an de plus en camp soviétique.

Avant sa captivité, bénéficiant d'une bonne situation matérielle et sociale, amateur de jolies femmes et de sports d'hiver, une vie agréable lui était promise. De retour de captivité, il liquida son étude et rentra dans les ordres à l'Abbaye bénédictine de la Pierre qui Vire, dans le Morvan. Il y resta jusqu'à sa mort en 2010, à l'âge de cent un ans.

J'avais toujours eu du mal à comprendre une telle décision de sa part. J'allais lui rendre visite au monastère une fois par an, devisais avec lui et étais frappé par la sérénité qu'il affichait.

Profondément croyant, débarrassé de tout souci matériel, il était réellement heureux, habité par la foi, n'attachant aucune importance à la mort.

Bien sûr, dans le tourbillon de mes activités, je ne pouvais comprendre. À présent, sans en être là, j'ai du temps pour réfléchir au sens de la vie, pour raisonner de manière objective sur les questions métaphysiques, sur l'existence d'un « Être d'intelligence suprême ». Deux éléments m'avaient ouvert la voie.

D'abord le Pape Jean-Paul II qui déclara que « les animaux – créatures de Dieu au même titre que l'homme – avaient une âme ». Enfonçant le clou, tout récemment, le 10 octobre 2022, le Pape François, durant son allocution

43 Camp de prisonniers de guerre non-officiers en Allemagne (1940-1945)

hebdomadaire sur la place Saint Pierre de Rome, expliqua que les chiens « comme toutes les créatures de Dieu avaient leur place au ciel ». Poussant plus avant, il ajouta :

« Un jour, nous reverrons nos animaux dans l'éternité du Christ. Le paradis est ouvert à toutes les créatures de Dieu. »

À noter que Saint François d'Assise n'en avait jamais douté. Si l'on prend le sens latin du terme anima, c'est le « souffle de vie ».

Moi-même aimant les animaux, j'avais possédé et côtoyé des chevaux, des chiens, et même une mangouste, Ibanga.

J'avais noté, pour peu que l'on veuille bien se donner la peine de les aimer et de les observer qu'ils étaient capables de développer, à l'instar des humains, des sentiments d'amour, de fidélité, de réflexion ; noté qu'il n'étaient nullement dépourvus d'intelligence bien au contraire. C'était absolument évident pour moi avec feues Junon et Enza mes deux adorables chiennes, braques italiennes. Il y avait tout cela dans leur regard. Nul doute qu'elles avaient une âme. Enza nous a quittés, il y a six mois ; j'entends encore, au fond de moi, tintinnabuler la clochette de son collier. Je vous avoue pleurer sa perte comme celle d'un être aimé avec lequel j'avais tant échangé.

Junon

Enza

J'en tirai la conclusion suivante : ce qui avait rendu l'homme supérieur aux autres animaux, c'était sa capacité à transmettre les connaissances acquises à ses descendants. Au tout début de l'humanité la transmission n'était qu'orale. Mais au fil des générations, la somme des connaissances acquises a débouché sur l'écriture, ce qui a permis de stocker de plus en plus de données et de les divulguer au-delà de l'espace tribal ou national. En un mot, c'est grâce à son pharynx doté de cordes vocales bien particulières, seul être à en être ainsi doté, que l'homme s'est hissé au sommet de la hiérarchie du monde animal. Pas nécessairement parce qu'il était initialement le plus intelligent.

Le deuxième élément fut la lecture d'un livre remarquable, paru en 2021 de Michel-Yves Bolloré et Olivier Bonnassies *Dieu – La science – Les preuves.* N'étant pas du tout de nature crédule, soumis au doute comme la plupart des humains – pour ne pas dire tous – ce livre que l'on pourrait qualifier de fondamental, apporta au petit scientifique que je suis des réponses précises basées sur le résultat des recherches des plus grands physiciens et astronomes actuels, des plus grands prix Nobel.

Pour n'en citer que quelques-uns : Roger Penrose (2020), Robert Wilson (1978) , Richard Feyman (1965), Alfred Kesler (1966) , Anthony Hewish (1974), tous prix Nobel de physique et Richard Smalley prix Nobel de chimie en 1996.

À une étudiante qui lui demandait ce qu'il cherchait, Albert Einstein répondit :

« Je veux savoir comment Dieu a créé l'Univers… ce que je veux connaître, c'est la pensée de Dieu. »

Que vous soyez croyant, athée ou agnostique, je vous invite à faire l'effort de lire ce livre – un pavé de cinq cent soixante-dix pages – qui, d'après les données actuelles de la science, établit que l'Univers a eu un commencement – le big-bang –, est en expansion et aura une fin par mort thermique inéluctable et programmée, que la perfection mathématique de sa création ne peut être le fruit du hasard mais, bien au contraire, est le fruit d'une pure intelligence, que l'on peut qualifier de divine.

Les tentatives les plus savantes pour créer la vie à partir de l'inerte ont toutes échoué. Le souffle de vie – l'âme – ne peut être créé par l'homme.

Celui-ci depuis la nuit des temps, d'instinct, a toujours eu besoin de s'en remettre à une puissance supérieure. Les premiers hommes adorèrent le soleil, plus tard personnifié dans l'Égypte antique par le dieu Râ puis les Grecs adorèrent Zeus et les Latins Jupiter. Ceux-ci avaient autorité sur le panthéon des autres petits dieux spécialisés dans des interventions bien précises. Rôles dévolus aux saints dans les religions monothéistes, sous la toute-puissance de Jéhovah.

J'ai beaucoup d'admiration pour le philosophe Michel Onfray, je dévore ses livres, l'homme est d'une culture et d'une honnêteté intellectuelle rares.

Cependant, autant je puis comprendre que des faits relatés dans les textes sacrés puissent être contestés sur le plan historique autant je reste persuadé que tout homme, même se disant athée, est un jour ou l'autre habité par le doute. Cher Michel Onfray vous n'y échapperez point. Tout simplement parce que vous êtes homme.

Pour inciter à la réflexion, l'apôtre Paul affirme :

« Dieu a fait les hommes pour qu'ils le cherchent et si possible l'atteignent et le trouvent, lui qui en fait n'est pas loin de chacun de nous. »

Voilà ce je crois :

Le terme de ma vie approche mais celle-ci n'est pas finie tant que j'en vois l'horizon. Ce voyage au bout de ma vie, n'est pas un voyage vers la mort car celle-ci est un faux voyage.

L'âme, l'esprit sont immatériels et donc ne sont pas mortels.

Nos neurones sont les voies de communication qui permettent à la pensée d'être transmise à notre corps vivant pour lui permettre de l'interpréter. Mais en aucun cas, les neurones ne peuvent produire de la pensée à eux seuls.

Un électroencéphalogramme plat ne traduit que l'incapacité des neurones à transmettre l'influx nerveux induit par la pensée, c'est-à-dire par l'esprit.

Le président François Mitterrand, dans son message d'adieu à la Nation, avait formulé tout cela par une simple confidence :

« Je crois aux forces de l'esprit. »

Enfin, vous le savez, même l'ordinateur le plus puissant et le plus sophistiqué du monde n'effectue des performances qu'en fonction des logiciels et des données que l'homme y a introduits.

En aucun cas, il ne pourra créer « par lui-même » ex nihilo, ni formuler une pensée.

Le marxisme-léninisme a imposé le matérialisme dialectique de manière autoritaire et dogmatique.

Une véritable religion. Une croyance irrationnelle.

Là, nul besoin de prouver quoi que ce soit. La raison n'était point conviée dans ce culte.

Aujourd'hui, la preuve est faite que seul un Être supérieurement intelligent, que l'on peut appeler Dieu, a créé l'Univers, avec une telle précision, une telle harmonie que même les plus savants calculs ne peuvent les saisir.

C'est donc la raison et non le dogme qui nous impose cette évidence divine.

La foi s'avère donc rationnelle. C'est le message que nous laisse aujourd'hui, jour de son décès, le pape émérite Benoît XVI : La foi et la raison.

Au crépuscule de mon existence, je vais enfin être Raisonnable et appliquer les recommandations de Saint

Paul : chercher, atteindre et trouver Celui qui « en fait est près de chacun de nous ».

Je fais mien le poème de Gaston Miron, poète québécois :

je marche à toi, je titube à toi, je meurs de toi
lentement je m'affale de tout mon long dans l'âme
je marche à toi, je titube à toi, je bois
à la gourde vide du sens de la vie
à ces pas semés dans les rues sans nord ni sud
à ces taloches de vent sans queue et sans tête
je n'ai plus de visage pour l'amour
je n'ai plus de visage pour rien de rien
parfois je m'assois par pitié de moi
j'ouvre mes bras à la croix des sommeils
mon corps est un dernier rideau de tics amoureux
avec à mes doigts les ficelles des souvenirs perdus
je n'attends pas à demain je t'attends
je n'attends pas la fin du monde je t'attends
dégagé de la fausse auréole de ma vie.

Table des matières

Imprimé en France
ISBN 979-10-203-5987-2
Dépôt légal : 3e trimestre 2023

Made at Brétigny-sur-Orge, France
2023-12-05
http://www.print-info.eu/

16269845R00137